Horst Friedrich Rolly
Gemeinsam für Flüchtlinge

Horst Friedrich Rolly

Gemeinsam für Flüchtlinge

Ehrenamtliche Projektarbeit mit Geflüchteten in der Freikirche der Siebenten-Tags-Adventisten in Deutschland

Frank & Timme
Verlag für wissenschaftliche Literatur

Herausgegeben von:
Aktionsbündnis „Gemeinsam für Flüchtlinge“
Freikirche der Siebenten-Tags-Adventisten in Deutschland K. d. ö. R.
Adventistische Entwicklungs- und Katastrophenhilfe (ADRA Deutschland e. V.)
Advent-Wohlfahrtswerk e. V. (AWW e. V.)
Theologische Hochschule Friedensau

Lektorat: Karola Vierus, Friedensau

ISBN 978-3-7329-0631-4
ISBN E-Book 978-3-7329-9362-8

Herstellung durch Frank & Timme GmbH,
Wittelsbacherstraße 27a, 10707 Berlin.
Printed in Germany.
Gedruckt auf säurefreiem, alterungsbeständigem Papier.

www.frank-timme.de

Inhalt

Einleitung

Der in der Bundespressekonferenz am 31. 08. 2015 von Bundeskanzlerin Angela Merkel geäußerte Satz: „Wir schaffen das!" ist zu einem Synonym für die Überzeugung geworden, der Aufgabe gewachsen zu sein, eine ohne Obergrenze bestimmte Zahl von politisch Verfolgten und Geflüchteten in der Bundesrepublik Deutschland integrieren zu können. Im Zuge der zunehmenden Schwierigkeiten bei der Integration geflüchteter und zugewanderter Personen hat dieser Ausspruch mittlerweile einiges von seiner ermutigenden Intention eingebüßt. Bei Auseinandersetzungen wird er zuweilen kritisch oder sogar ironisch verwendet. Eine gegensätzlich ausgerichtete Parteipolitik und konkurrierende Einstellungen in der Zivilgesellschaft erwecken den Eindruck, dass die Frage, ob *das* überhaupt geschafft werden *kann*, zum Gradmesser einer gelungenen oder fehlgeleiteten Flüchtlingspolitik erhoben wird. Entsprechend lassen sich Grundeinstellungen beobachten, die die Frage aufwerfen, ob man – auf der Basis aussichtsreicher Entwicklungen, aber eben auch gegen wachsende Widerstände – *das* überhaupt schaffen *will*.

Am Anfang stand die Entscheidung der Bundesregierung, im Sommer 2015 aus humanitären Gründen die Dublin-Regelung außer Kraft zu setzen und die Grenzen Deutschlands für Flüchtlinge nicht zu schließen.[1] Diese waren nach der Verschlechterung der menschenrechtlichen und auch wirtschaftlichen Lage in ihren Heimatländern, hauptsächlich jedoch nach der Intensivierung der kriegerischen Auseinandersetzungen in Syrien und im Irak, zu Hunderttausenden über die Balkanroute gekommen und erhofften sich, nachdem sie im Südosten Europas vielerorts abgewiesen worden waren, von Deutschland und anderen mittel- und nordeuropäischen Staaten an- und aufgenommen zu werden.[2] Die Grenzpolizei und die zuständige Behörde, das Bundesamt für Migration und Flüchtlinge (BAMF), waren von ihrer materiellen und personellen Ausstattung her nicht in der Lage, die Schutzsuchenden nach ihrem Grenzübertritt nach Herkunft und Identität staatsüblich zu kontrollieren und zu registrieren. Ebenso wenig reichten die Unterbringung und weitere Hilfeleistungen aus, um eine zügige soziale und wirtschaftliche Integration nach individuellen Bedürfnissen und Fähigkeiten zu gewährleisten. Der aus humanitären Gründen eingegangene temporäre Kontrollverlust, der Zeitaufwand, um Asylverfahren zu eröffnen und abzuschließen, sowie das unvollständige Angebot an staatlichen Unterstützungsleistungen: All das erforderte eine nachholende und zugleich vorausschauende Aufarbeitung durch die Zivilgesellschaft, ohne deren Mitwirkung *das* in der Tat nicht mehr zu schaffen war.

---

1 Die aus meiner Sicht nachvollziehbare Aussetzung der europäischen Richtlinien aus humanitären Gründen wird von Kritikern mit einem an Bundeskanzlerin Angela Merkel gerichteten Vorwurf der moralischen Überheblichkeit verbunden.

2 Zur Demografie von Asylsuchenden (Infografiken zu Alter, Geschlecht und Herkunft): http://www.bpb.de/gesellschaft/migration/flucht/265710/demografie Bundeszentrale für politische Bildung (bpb: 2019).

Das „Wir" des „Wir schaffen das!" spricht daher neben den politischen Entscheidungsträgern[3] und der staatlichen Versorgungsstruktur die Gesamtheit der Zivilgesellschaft an. Der Staat ist für die Bewältigung der Flüchtlingsarbeit auf die Zivilgesellschaft und das Ehrenamt angewiesen und nimmt sich gleichermaßen in die Pflicht, die aktive Beteiligung von Bürgerinnen und Bürgern über Nichtregierungsorganisationen (NRO) und gemeinnützige Träger finanziell zu unterstützen. Die Zivilgesellschaft hat damit die Möglichkeit, über Teilhabe und Teilnahme an der Flüchtlingsarbeit soziale Interventionen und Bewältigungsmaßnahmen qualitativ mitzugestalten und die Maßstäbe von Integration zu beeinflussen. Dabei kann sie unter Umständen auch eigene, von der staatlichen Linie abweichende Wege und Lösungen finden, wie zum Beispiel das Kirchenasyl.
Abgesehen von der spezifischen Ausgangslage der Flüchtlingssituation, unterliegt in der Bundesrepublik Deutschland die zivilgesellschaftliche Einbindung in die Bewältigung sozialer Aufgaben einer Besonderheit, die einem bestimmten Zweck folgt: Dem Staat ist es aufgegeben, so weit wie möglich seine Verantwortung für das Sozialwesen mit der Zivilgesellschaft zu teilen und eine größtmögliche Beteiligung von Bürgerinnen und Bürgern über gemeinnützige Träger und Vereinsbildungen zu gewährleisten. Die Mehrheit der staatlichen Aufgaben im Sozialwesen wird von Nichtregierungsorganisationen erledigt, vornehmlich unter den beiden großen kirchlichen Verbänden, der Caritas und der Diakonie, sowie von freien Trägern unter dem Dach des Paritätischen Wohlfahrtverbandes. Der Staat hat lediglich darauf zu achten, dass Mittel nicht einseitig vergeben werden und ein gewisser Pluralismus gewährleistet ist, damit ein großer Teil der Bevölkerung adäquat an der Bearbeitung sozialer Probleme und an ihrer Lösungsfindung beteiligt ist – ein Merkmal einer sogenannten partizipativen Demokratie.
Die Freikirche der Siebenten-Tags-Adventisten (STA) ist in diesen pluralistischen gesellschaftspolitischen Versorgungszusammenhang eingebunden und leistet mit ihren institutionellen Verankerungen und der damit verbundenen Projektarbeit einen eigenen Beitrag für die Integration Geflüchteter. Ihre rund 35.000 getauften Mitglieder bilden mit ihren 558 Gemeinden in der Bundesrepublik eine christliche Minderheit in der protestantischen Tradition (https://www.adventisten.de). Die verbindenden Werte des gemeinsamen Glaubens und ein entsprechender Kanon beinhalten unter anderem einen Lebensstil, der auf die Wiederkunft von Jesus Christus ausgerichtet ist und der auch das Halten des Samstags (Sabbat) als Ruhetag sowie die Abstinenz von berauschenden Genussmitteln einschließt. Dahinter steht die Auffassung, dass der menschliche Körper als Teil der Schöpfung zu schützen und zu bewahren ist. Natürlich lässt sich das Wesen einer Glaubensgemeinschaft nicht auf wenige Verhaltensnormen reduzieren; sie wird geprägt durch den individuellen Glauben und die Überzeugungen derer, die ihr angehören. Jedenfalls ist das Wesen der Freikirche in einem tiefen Gottvertrauen ihrer Gemeindemitglieder begründet, das zusammen mit einer gesundheitsbewussten Lebenseinstellung als einem besonderen In-der-Welt-Sein und einem familiären Miteinander – ausge-

3 Um den Lesefluss nicht zu beeinträchtigen, wird hier und im folgenden Text oft die männliche *oder* weibliche Form verwendet, die andere ist jedoch immer mitgemeint.

drückt darin, dass man sich untereinander als Schwestern und Brüder mit Du anspricht – eine starke Gruppenidentität und eine hoch bewertete Zusammengehörigkeit hervorbringt. Als Bürgerinnen und Bürger einer Mehrheitsgesellschaft und als Teilhabende am sozialen, wirtschaftlichen und politischen Geschehen sind jedoch die Mitglieder der Freikirche durchaus heterogen, auch was – nicht zuletzt im Wandel der Generationen – ihre Bildung, ihre kulturellen Präferenzen und gesellschaftspolitischen Einstellungen betrifft. Daher ist es nicht verwunderlich, dass in Bezug auf die Flüchtlingspolitik und das ehrenamtliche Engagement für Geflüchtete in den lokalen Kirchengemeinden vielschichtige Auffassungen im Umlauf sind – Kennzeichen einer offenen Meinungsbildung und Gewissensfreiheit. Einige können sich mit der Flüchtlingspolitik der Regierungskoalition nicht anfreunden; die Mehrheit der Gemeindemitglieder jedoch unterstützt sie in vollem Umfang und sieht darin eine Möglichkeit und Aufgabe, bedürftigen Nächsten zu dienen – in eigener Verantwortung und in Zusammenarbeit mit anderen Gruppierungen.

Die vorliegende Veröffentlichung dokumentiert im Rahmen des fortlaufenden Integrationsdiskurses der Bundesrepublik Deutschland die Organisation und Durchführung der ehrenamtlichen Projektarbeit mit Geflüchteten durch die Freikirche der STA von den Anfängen im Jahr 2015 bis zum Ende des Jahres 2018. Von besonderem Interesse sind die Erfahrungen in den Projekten selbst, die in ausgewählten Berichten, beispielhaften Geschichten wie auch Einzelschicksalen sowie zusammenfassenden Auswertungen der Leserin zugänglich gemacht werden. Inzwischen sind aus dem von der Freikirche der STA, dem Advent-Wohlfahrtswerk, ADRA Deutschland und der Theologischen Hochschule Friedensau gebildeten Bündnis „Gemeinsam für Flüchtlinge" bis zum Ende des Jahres 2019 zahlreiche Einzelinitiativen und 80 Projekte hervorgegangen, 22 davon als Folgeprojekte. Die Aktivitäten verstehen sich als Teil eines zivilgesellschaftlichen Aufbruchs in der Bundesrepublik, dessen Ausmaß die Erwartungen des ehrenamtlichen Engagements weit übertroffen hat. Man spricht von einer „neuen Bürgerbewegung", die in ihrer beispiellos vielseitigen Zusammensetzung erst noch sozialwissenschaftlich untersucht werden muss, um sie gesellschaftspolitisch und zeitgeschichtlich einordnen zu können (Schiffauer, Eilert, Rudloff 2017).

Dieses Buch ist in drei Abschnitte gegliedert. Der erste handelt von dem gegenwärtigen Integrationsdiskurs in der Bundesrepublik Deutschland, bezogen auf wirtschaftliche, soziale und kulturelle Faktoren der Integration von Geflüchteten. Kapitel 1.3 stellt eine Beziehung zwischen dem soziologischen Begriff des sozialen Kapitals und dem Ehrenamt her, dessen Qualitätsmerkmale anhand der praktischen Umsetzung in der Flüchtlingsarbeit gemessen werden können. Darüber hinaus liefert das soziale Kapital in der gegenseitigen Entsprechung von miteinander agierenden Gruppen eine Vertrauensbasis für die Gesamtgesellschaft.

Der zweite Abschnitt stellt die Organisation der ehrenamtlichen Projektarbeit mit Geflüchteten durch die Freikirche der STA und ihr institutionelles Netzwerk dar, repräsentiert durch die Steuerungsgruppe „Gemeinsam für Flüchtlinge". Die Freikirche war, wie andere soziale Träger in der Zivilgesellschaft auch, nicht auf die vielschichtigen Anforderungen der Flüchtlingsarbeit vorbereitet. Dies hat Kirchengemeinden jedoch nicht daran gehindert, in spontanen Einzelinitiativen und mit eigenen Mitteln bedürfnisrelevante Hilfen anzubieten. In kreativer Weise, mit gesundem Menschenverstand und Gottvertrauen wurden gegen alle möglichen Widerstände und Hindernisse – insbesondere in der sprachlichen Kommunikation – eigene Möglichkeiten und Wege der Hilfe und Unterstützung gefunden. Aus mutigen Versuchen und nicht ohne Irrtümer und Umwege entstand daraus schließlich eine sinnvoll strukturierte Integrationsarbeit.

Die bundesweite Organisation der Projektarbeit mit Geflüchteten durch die Freikirche erforderte zudem – im Hinblick auf Antragstellung und Genehmigungsverfahren – die Einhaltung vorgegebener Standards. Daher wurde eine Broschüre als Handlungsanleitung für die Projektarbeit veröffentlicht (Kapitel 2.2). Des Weiteren unterbreiteten die adventistische Hilfsorganisation ADRA Deutschland und die Theologische Hochschule Friedensau den Kirchengemeinden Angebote der Aus- und Weiterbildung (Kapitel 2.3). Obgleich die Missionierung Geflüchteter nicht auf der Agenda des Aktionsbündnisses stand, erfordert die Integrationsarbeit doch unabdingbar zumindest den interreligiösen Dialog und eine Auseinandersetzung mit dem Menschenrecht auf Religionsfreiheit (Kapitel 2.4). Darüber hinaus wurde von Ortsgemeinden, in enger Abstimmung mit der jeweils zuständigen regionalen Kirchenleitung (Vereinigung), Kirchenasyl praktiziert (Kapitel 2.5).

Der dritte Abschnitt dokumentiert die Projekte des Aktionsbündnisses „Gemeinsam für Flüchtlinge" nach Aktivitäten mit deren Ergebnissen und Wirkungen (Kapitel 3.2). Einzelne Erfahrungsberichte zu speziellen Themenbereichen gewähren tiefere Einblicke in die Projektarbeit (Kapitel 3.3 bis 3.3.5). Kapitel 4 schließlich gibt eine zusammenfassende Bewertung der Projektaktivitäten. Die Abhandlung schließt mit einem kurzen Ausblick.

1. Der Integrationsdiskurs in der Bundesrepublik Deutschland

Der Integrationsdiskurs in der Bundesrepublik Deutschland ist vielstimmig, nicht nur hinsichtlich der Unversöhnlichkeit fremdenfreundlicher und fremdenfeindlicher Akteure oder optimistischer wie pessimistischer Prognosen über die Integrationsfähigkeit von Flüchtlingen. Mitunter engagieren sich Gruppierungen mit gegensätzlichen Weltbildern für Geflüchtete und verfolgen aus unterschiedlicher Motivation heraus das gleiche Ziel: Menschen in Not ein würdiges Dasein in der Fremde zu gewährleisten und zunächst die Befriedigung ihrer Grundbedürfnisse zu sichern. Als nächste Schritte sollen Bleiberecht, Bildung und schließlich Berufsausübung die Entfaltung von Selbsthilfefähigkeit und eine gleichberechtigte Chance der Teilhabe am öffentlichen Leben ermöglichen. In diesem Sinne wird die christliche Wertebasis eine von unterschiedlichen Weltbildern getragene gemeinsame Flüchtlingsarbeit nicht infrage stellen wollen – unter dem Vorbehalt, dass sie in den universal gültigen Menschenrechten fundiert ist.

Claussen (2018) nennt die Bibel „das Buch der Flucht" und dokumentiert dies an überlieferten „Stationen" aus dem Alten und Neuen Testament. Die Geschichte von Flucht und Vertreibung, von Not und Entbehrung und von der Verunsicherung sesshafter Existenz mag dazu beigetragen haben, das menschliche Dasein auf dieser Erde überhaupt als nomadisches Fremdsein zu betrachten, als eine lebenszeitliche Wanderschaft hin zu einem bleibenden Ruhepol, der überzeitlich in Gott gründet.[1] Der aus der Menschheitsgeschichte erwachsene Glaube des in dieser Welt nicht vollkommen Beheimatet-sein-Könnens entbindet jedoch nicht von der Verantwortung, für ein friedliches, gerechtes und freiheitliches Miteinander einzustehen und dafür lebensweltliche Konsequenzen einzugehen. Möglicherweise ist es indes erst das Verständnis für das eigene Fremdsein, das aus einer existenziellen Einfühlung heraus der Handlungsanweisung von Jesus nach Matthäus 25 zu entsprechen vermag: den Nackten gekleidet, die Hungrige versorgt und Fremde aufgenommen zu haben.

Allerdings immunisiert ein christliches Bekenntnis nicht gegen Fremdenfeindlichkeit, Diskriminierung und Ausgrenzungen jeglicher Art. Der afroamerikanische Künstler Olu Oguibe versteht den von ihm geschaffenen vierkantigen Obelisken mit der in Deutsch, Englisch, Arabisch und Türkisch gehaltenen Aufschrift „Ich war ein Fremdling und ihr habt mich beherbergt" als Mahnmal für politisch rechts eingestellte Christen, die etwas gegen die Aufnahme von Geflüchteten einzuwenden haben. Der mehr als 16 m hohe Obelisk war anlässlich der documenta 14 ursprünglich auf dem zentralen Königsplatz in Kassel aufgestellt worden. Die Alternative für Deutschland (AfD), die bisweilen das Christentum für sich reklamiert, um einer schleichenden Islamisierung des Abendlandes Einhalt zu gebieten, hatte das Werk als „entstellende Kunst" diffamiert. Dieser Nazi-Jargon ist

---

1 Die ständigen Verunsicherungen und das nicht zu beseitigende Unkalkulierbare der gesellschaftspolitisch bedingten Existenz veranlassten auch Theodor Adorno, in seiner „Negativen Dialektik" (1988) auf eine ganz andere, das heißt jenseitige Wahrheit hinzuweisen.

wohl beabsichtigt und beschämend. Nach Unstimmigkeiten unter den Stadtverordneten über den Verbleib des Kunstwerks war es entfernt und eingelagert worden; schließlich erhielt es in der Kasseler Treppenstraße seinen endgültigen Standort.

Menschen aus allen Gesellschaftsschichten und mit unterschiedlichen politischen und kulturellen Überzeugungen ließen sich auf eine Kultur des Willkommens ein und engagierten sich ehrenamtlich in der Flüchtlingsarbeit. Ein Grund dafür mag – neben einer stark aufgestellten Zivilgesellschaft – auch die Geschichte Deutschlands mit der unseligen Hinterlassenschaft des Nationalsozialismus sein, die die Bereitschaft verstärkte, hilfsbedürftigen Fremden die Tür zu öffnen, sie willkommen zu heißen und etwas für ihre Integration zu tun.[2] Nachbarländer – Verbündete wie auch Kritiker der deutschen Politik – wundern sich sehr über dieses Deutschland, das freiwillig und ohne höhere Verpflichtung diese große humanitäre Verantwortung der Aufnahme von mehr als einer Million Flüchtlinge übernommen hat. Die „neuen Deutschen" definieren sich mehrheitlich nicht als ethnisch geschlossenes Volk, sondern als weltoffene Bevölkerung (Münkler und Münkler 2016: 13),[3] die wegen ihrer niedrigen Reproduktionsrate auf Zuwanderung angewiesen ist. Desgleichen sind die Deutschen selbst nicht abgeneigt, von den Vorzügen der Globalisierung durch Auswanderung zu profitieren. Zudem ermöglichen die derzeit günstigen wirtschaftlichen Bedingungen des „Exportweltmeisters" Deutschland, die notwendigen Ressourcen für die Integration von Geflüchteten bereitzustellen. Die Integration einer für die Zukunft noch unbestimmbaren Zahl an Flüchtlingen verursacht Kosten, deren Deckung durch die gegenwärtig gute wirtschaftliche Lage der Bundesrepublik gesichert erscheint. Für die nachhaltige Integration von zwei Millionen Geflüchteten sind nach vorsichtigen Schätzungen etwa 100 Milliarden Euro zu veranschlagen, ohne freilich anhand einer Kosten-Ertrags-Rechnung genau ermessen zu können, welcher Nutzen aus diesen Investitionen erwachsen kann.[4]

Es wurde bereits darauf hingewiesen, dass das BAMF mit der unerwartet hohen Anzahl Geflüchteter überfordert war und eine staatsübliche Registrierung sowie Aufnahme und Abwicklung von Asylverfahren nicht bewältigen konnte. Vorrang

---

2 Das trifft freilich nicht auf alle Bevölkerungsanteile zu. Manche müssen sich durch öffentlichkeitswirksame Kunstaktionen daran erinnern lassen. Beispielsweise errichtete die Künstlergruppe Zentrum für Politische Schönheit in Sichtweite des Wohnhauses des AfD-Patrioten Björn Höcke einen verkleinerten Nachbau des Berliner Holocaust-Mahnmals, das dieser zuvor in einer Rede als „Denkmal der Schande" bezeichnet hatte.

3 Selbst wenn ein populistischer „Volkswille" in einen ethnischen Nationalismus zurückfiele, so lautet nach einem Urteil des Bundesverfassungsgerichts die geltende Rechtsordnung, dass „der Kontrollapparat des Staates ein Instrument bleibt, das Offenheit bewahrt und Schließungsbestrebungen abwehrt" (Münkler und Münkler 2016: 101). Diese rechtsstaatliche Sicherungsmaßnahme würde der Umsetzung der ethnischen Säuberungs- und Entmischungsfantasien eines Björn Höcke zu einem auf Einheimische bereinigten Deutschtum einen Riegel vorschieben (vgl. von Altenbockum, FAZ 23. 02. 2019: 8).

4 Zu den asylbedingten Kosten vergangener Jahre: http://www.bpb.de/gesellschaft/migration/flucht/265776/kosten-und-ausgaben (bpb: 2019).

hatte die zügige Abfertigung einer großen Anzahl von Personen, ohne dass dabei ausreichend erkennungsdienstliche Maßnahmen zur Identitätserfassung hätten eingesetzt werden können. So war es möglich, dass neben vertrauenswürdigen auch kriminelle und terrorverdächtige Personen durch das Sicherheitsnetz schlüpfen konnten. Medien berichten von Fällen, in denen Täter und Opfer aus demselben Herkunftsland sich in Deutschland zufällig erneut gegenüberstanden.[5] Daneben gibt es auch Flüchtlinge, die es dem Gastland nicht danken, dass es ihnen Zuflucht gewährt und sich um ihre Integration bemüht, sondern die sich unter verschiedenen Einflüssen – vorsätzlich oder nicht – kriminalisieren und radikalisieren. Besonders Medienberichte über strafrechtliche Verstöße gegen die sexuelle Selbstbestimmung, über Vergewaltigungen und Tötungsdelikte, begangen von jungen Männern an jungen Frauen, bewegen die Öffentlichkeit; geben sie doch auch Anlass, über das kulturbedingt andere Verhältnis zwischen Mann und Frau zu diskutieren und dieses als Integrationsanforderung zu korrigieren.
Dazu kommen andere problematische Konstellationen, wie Geflüchtete, deren Asylverfahren endgültig negativ beschieden wurde, die aber aus bestimmten Gründen nicht abgeschoben werden können.[6] Sie erhalten einen Duldungsstatus, bekommen eine Wohnung finanziert sowie einen standardisierten Versorgungssatz, dürfen aber nicht arbeiten und keine Ausbildung beginnen. Manche dieser zum Nichtstun verurteilten Betroffenen besorgen sich illegal Arbeit oder driften in die Kleinkriminalität ab. Hier ist die Politik gefordert, mit geeigneten Rechtsparametern, bilateralen Rücknahmeabkommen, dem Bereitstellen beruflicher und wirtschaftlicher Einstiegsprogramme in den Herkunftsländern und anderen sinnvollen Maßnahmen Lösungsangebote zu erarbeiten, die auch über einen sogenannten Spurwechsel eine mögliche und rechtskonforme Integration hierzulande im Auge behalten. Dieser „Spurwechsel“ vom Asyl- in das Einwanderungsrecht soll es abgelehnten, aber gut integrierten Asylbewerbern ermöglichen, eine Ausbildung und Arbeit aufzunehmen. Das ehrenamtliche Engagement ist mit diesem problematischen Umfeld gelegentlich konfrontiert, doch damit auch manchmal überfordert. Es bedarf einer milieukundigen professionellen Sozialarbeit, um dieser exponierten Klientel auf die Spur zu helfen.
Die angesprochenen Probleme betreffen zwar nicht die Mehrheit der Geflüchteten und Asylsuchenden, doch sind sie in der Öffentlichkeit als sozialer und politischer Faktor präsent. Sicherlich wäre die Willkommenskultur der Gesellschaft wohlwollender geblieben, hätte es eine durchweg positive Berichterstattung über die Integrationsleistungen Geflüchteter gegeben. Im Zuge der schwankenden öffentlichen Meinung, angeheizt und ausgeschlachtet von parteipolitischen Richtungs-

5 Die Rückkehr deutscher Kämpfer des IS (Islamischer Staat) sowie ihrer Ehefrauen und Kinder wird – nach strafrechtlich relevanter Verfolgung, rechtsstaatlicher Versöhnungsbereitschaft und dem Einräumen einer zweiten Chance – auch die Möglichkeit einer Nachbarschaft von Opfern und Tätern mit sich bringen. Hier sind wiederum Politik und Zivilgesellschaft gefordert, innovative Maßstäbe für das Bearbeiten und Bereinigen dieser Art von Konflikten zu entwickeln und zu setzen.

6 Zu Abschiebungen in Deutschland: http://www.bpb.de/gesellschaft/migration/flucht/265765/abschiebungen-in-deutschland (bpb: 2019).

kämpfen, haben friedliche und integrationswillige Geflüchtete zunehmend mit Vorbehalten in der Mehrheitsgesellschaft zu rechnen, was die langwierige Aufgabe ihrer Integration sicher zusätzlich erschweren dürfte.
Der gesellschafts- und parteipolitisch angefachte Sprachduktus in der Flüchtlingspolitik hat bemerkenswerte Wortformationen hervorgebracht, wie Asyltourismus, ausländerfrei, Anti-Abschiebe-Industrie, Umvolkung und dergleichen mehr.[7] Man kann kaum erwarten, dass diese Begrifflichkeiten etwas zur Integration von wie auch immer zugewanderten Mitbürgerinnen beitragen können.[8] Mit Sicherheit existieren dazu auch positiv besetzte Gegenbegriffe, die die mediale Öffentlichkeit jedoch kaum bewegen. Dies ist nicht nur ein Anzeichen dafür, dass Kräfte und Akteure am Werk sind, die die Sorgen und Ängste der Bürger ausnutzen und missbrauchen, um Einfluss auf öffentliche Meinungsbildung, politisches Wahlverhalten und Entscheidungsprozesse zu nehmen. Andererseits werden diese bedenklichen Wortformationen nämlich auch von Personen verwendet, die auf ausländerfeindliche Tendenzen in der Gesellschaft aufmerksam machen wollen; sozusagen als Frühwarnsystem vor der Gefahr des Abdriftens in einen verkappten Neofaschismus. Die aufgeklärte gesellschaftliche Mitte lässt sich in der Tat nicht so ohne Weiteres mit rechtslastigen politischen Kraftausdrücken und angekündigten integrationshemmenden Maßnahmenkatalogen beeinflussen, wie das Wahlverhalten der Bayern bei der Landtagswahl im Oktober 2018 unter Beweis stellte. Die politischen Entscheidungsträger der CSU schienen daraus gelernt zu haben: Sie traten danach viel moderater und integrationszugewandter auf und waren bereit, Gesetzesbestimmungen zu modifizieren. Ein Beispiel dafür ist die Erlaubnis zum Spurwechsel, der geduldeten Asylbewerbern kraft des Einwanderungsgesetzes gute Aussichten auf eine dauerhafte Arbeits- und Aufenthaltserlaubnis ermöglicht.

1.1 Wirtschaftliche Faktoren der Integration

Neben kritischen Stimmen gegen die Flüchtlingspolitik gibt es in der Bundesrepublik auch Interessengruppen, die sich einen Vorteil von einer gelungenen Integration Geflüchteter versprechen. Eine davon ist die deutsche Wirtschaft. Industrie- und Handelskammern und eine ständig wachsende Gruppe privater Unternehmer haben eigene Integrationsinitiativen angestoßen. Die Flüchtlinge werden dabei zwar nicht strategisch gesucht, aber wenn sie denn schon da sind,

7 Bezeichnend ist das von Alexander Dobrindt ins Spiel gebrachte Schlagwort „Anti-Abschiebe-Industrie“, das die Geltung rechtsstaatlicher Prinzipien infrage stellt, die Betroffenen in einem Asylverfahren konventionelle Rechtsmittel gegen einen Ablehnungsbescheid einräumt. Dabei wird wiederum offensichtlich unbewusst einem funktionalen, um nicht zu sagen industriellen Abschiebeverfahren das Wort geredet, das das Individuum als Menschen und als Rechtssubjekt nicht angemessen berücksichtigen will. „Anti-Abschiebe-Industrie“ wurde zum Unwort des Jahres 2018 gekürt.

8 Im Gegenteil ist anzunehmen, dass diese Art von sprachlichem Ausdrucksverhalten Menschen, nämlich Zugewanderte, politisch Verfolgte und Geflüchtete, auf Unwerte verallgemeinert und Alltagsdiskriminierungen Vorschub leistet, ja sogar die Gewaltbereitschaft gegen die Betroffenen erhöht – bis hin zu Brandanschlägen auf Flüchtlingsunterkünfte.

können sie über die Anerkennung von Vorleistungen, über berufliche Bildung und angeleitete Praktika auch gewinnbringend in den Arbeitsmarkt integriert werden. Die Investitionen in die Stärkung der Aufnahmekapazitäten von Geflüchteten soll sich lohnen: zum einen für den deutschen Arbeitsmarkt selbst, der aufgrund der niedrigen Geburtenrate der einheimischen Bevölkerung den Generationenvertrag nicht ohne Zuwanderung erfüllen kann; und zum anderen für die Zeit, wenn die Kriege im Nahen und Mittleren Osten ein Ende nehmen und Frieden in die Region einziehen wird. Geflüchtete, für die nur ein subsidiärer Schutz und eine temporäre Aufenthaltserlaubnis gilt, werden dann angehalten sein, wieder in ihre Heimat zurückzukehren; die meisten von ihnen beabsichtigen dies ohnehin. Sind sie zurückgekehrt, kann der anstehende Wiederaufbau in ihren Heimatländern mit beruflicher Vernetzung in der deutschen Wirtschaft und mit der Erschließung eines neuen Exportmarktes für Technologie geschehen. Man darf nicht darauf warten, dass diese optimistische Rechnung aufgeht, sondern muss darauf hinarbeiten – auch und gerade vor dem Hintergrund beruflich unqualifizierter Zuwanderung.[9] Allerdings kann davon ausgegangen werden, dass selbst nach der Befriedung der ehemaligen Kriegsgebiete und einer erhöhten Rückkehrquote von Kriegsflüchtlingen anderswo chaotische politische Umstände und kriegerische Auseinandersetzungen aufkommen, die neue Flüchtlingsströme vor allem nach Europa erwarten lassen. Auch werden die Auswirkungen des Klimawandels eine neue Art von Klimaflüchtlingen hervorbringen. Politik und Zivilgesellschaft sind daher gut beraten, sich nachhaltig auf Migranten als auf eine Dauerbeziehung einzustellen. Schließlich werden die globalen Migrationsbewegungen globale Lösungsansprüche durch die Vereinten Nationen auf den Plan rufen müssen. Man kann sich in einer Kooperation von Mitgliedsstaaten einen internationalen Verteilungsschlüssel vorstellen, der Migration nach Bedürfnissen und Anforderungen beziehungsweise nach Push- und Pull-Faktoren lenkt. Daran wurde immer wieder theoretisch gearbeitet, allerdings ohne praktische Umsetzung (Ghosh 2003).

Zugegebenermaßen mag das Eigeninteresse von Wirtschaft und Politik die zivilgesellschaftlichen Unterstützungsprogramme weniger berühren; diese sind in ihrer konkreten Auseinandersetzung mit Einzelschicksalen durch eine ganz andere Motivation und Einbindung gekennzeichnet. Doch darf der größere politische und wirtschaftliche Zusammenhang nicht aus den Augen verloren werden: Sämtliche wie auch immer motivierte Investitionen in ihre Bildung und berufliche Förderung bedeuten für die Geflüchteten selbst eine Erweiterung ihrer zukünftigen Lebenschancen und werden in der Regel dankbar angenommen. Integration ist

---

9 Inzwischen sind bereits – vor allen staatlichen Wiederaufbaumaßnahmen – zivilgesellschaftliche Akteure aus Deutschland in den ehemaligen Kriegsgebieten tätig. Sie liefern das Nötigste für die Befriedigung von Grundbedürfnissen und betreiben Waisenhäuser und Schulen für kriegsbetroffene und marginalisierte Bevölkerungsanteile, zum Beispiel für jesidische Kinder im Irak. Es ist vorstellbar, dass aus den hierzulande in Projektaktivitäten entstandenen Freundschaften auch kooperative Unterstützungsleistungen für die Reintegration Geflüchteter in ihre Herkunftsländer erwachsen, sobald die Zeit für eine Rückkehr reif und plausibel erscheint. International aufgestellte Geberorganisationen könnten für kleinformatige Reintegrationsprojekte finanzielle Zuwendungen bereitstellen.

danach Teilhabe der Geflüchteten an diesem systemischen Zusammenhang und versetzt sie in den Stand, nur temporär Hilfsempfänger zu sein und in absehbarer Zeit etwas zurückgeben zu können. Die ehrenamtliche Tätigkeit mit Geflüchteten korrespondiert danach mit den Funktionsanforderungen der Wirtschaft, indem die vorhandenen systemischen Interessen mit den Interessen der Flüchtlinge verbunden werden: Mit der Erwartung eines gesamtgesellschaftlichen Nutzens der Investition in die Flüchtlinge verbindet sich auch ein *persönlicher Nutzen* für diese selbst. Die Einsicht in diesen Zusammenhang ist für das Ehrenamt ausschlaggebend. Den Flüchtlingen muss eine volle Integrationsleistung zugetraut werden; das ist nur möglich, wenn man auf Chancengleichheit und Teilhabeberechtigung achtet und dies durch entsprechende Bemühungen untermauert. Die Integrationsarbeit für Flüchtlinge und mit ihnen kann patronisierend und demütigend sein, wenn sie von oben herab geschieht und wenn die temporär Hilfsbedürftigen nicht als gleichwertige Partner einbezogen werden. Mildtätiges Handeln, das nicht auf ebenbürtiger Partnerschaft und Chancengleichheit aufgebaut ist, wird soziales Gefälle und soziale Unterschiede stabilisieren, anstatt sie zu verringern.

Das nachhaltige Ziel der Arbeit mit Geflüchteten ist jedenfalls ihre soziale und wirtschaftliche Integration als selbständige und vollwertige Bürgerinnen. Sie werden mit ihrer eigenen Arbeitsleistung für ihren Vorteil wirtschaften können und damit auch für den Vorteil der Gesamtbevölkerung. In letzter Konsequenz heißt das, dass aus den ehemals Hilfsbedürftigen durch die Ausbildung von Selbsthilfefähigkeit potenziell auch Helfende werden – Leistungsträger, wie die Behörden es nennen. Natürlich ist das ein langer, mit vielerlei Frustrationen gepflasterter Weg. Dieser Weg sollte jedenfalls das Ziel bereits beinhalten, und das geschieht durch Förderung der Teilhabe und Teilnahme der Flüchtlinge am gesamtgesellschaftlichen Zusammenhang.

Allerdings sollen mit diesen Ausführungen Flüchtlinge, und Menschen generell, nicht auf das funktionale Maß einer Leistungsgesellschaft reduziert werden. Wert und Würde des Menschseins umfassen sehr viel mehr, als Anforderungen zu erfüllen und in ein soziales und wirtschaftliches System Arbeitsleistungen einzubringen. Das Leben bietet auch außerhalb eines wirtschaftlichen Verwertungsinteresses Möglichkeiten der Selbstverwirklichung: in der Kunst, der Musik und Literatur oder in sozialen Aufgabenbereichen, in zwischenmenschlichen Beziehungen, aber auch im Menschsein an sich, ohne jede Zweckbestimmung. Davon abgesehen gibt es im Leben eines jeden Menschen Phasen, in denen er oder sie nicht reibungslos „funktioniert"; das darf nicht zu Benachteiligung und Diskriminierung führen. Werden ausschließlich die kapitalistischen Maßstäbe von Nützlichkeit und Zweckmäßigkeit angelegt, können leicht Verhältnisse entstehen, die eine gewisse Nähe zur Ausbeutung vermuten und eine Kritik am System angebracht erscheinen lassen.

Auf jeden Fall müssten sich an der Realisierung einer sozial und wirtschaftlich ideal gelingenden Integration auch alle damit zusammenhängenden Interessengruppen einer Gesellschaft beteiligen. Allerdings darf man diese Voraussetzung aus weiter zu analysierenden Gründen sowohl in der Mehrheitsgesellschaft als auch bei den zu integrierenden Minderheitsanteilen nicht vorbehaltlos annehmen. Wir kommen nicht umhin, die zeitlich und räumlich variablen Umstände gelungener und misslungener Integration aufzuklären und sie zu dokumentieren, nicht um die negativen Eckpunkte zu verdichten, sondern um sie mit adäquaten Antworten auf die gesellschaftspolitisch richtige Bahn zu lenken.[10]

1.2 Soziale und kulturelle Faktoren der Integration

Muslime, in ihrem Herkunftsland in einer Mehrheitsgesellschaft von Muslimen sozialisiert, in der sie die religiöse Deutungsmacht hatten, finden sich als Flüchtlinge und Migrantinnen wieder, als Minderheit in einer christlich-säkularen Gesellschaft, der sie sich unterzuordnen haben. Die unterschiedlichen kulturellen Wertetafeln der Herkunfts- und Aufnahmeländer sind Bestandteil der öffentlich geführten Auseinandersetzung darüber, ob der Islam zu Deutschland gehöre oder nicht. Einige nicht mit dem abendländischen Wertesystem übereinstimmende Vorstellungen des Islam werden teilweise auch von Geflüchteten verfochten. Dennoch kann festgehalten werden, dass der Islam auf jeden Fall zu Deutschland gehört, und zwar nicht als Überhöhung jenseitiger Wahrheiten, sondern als kritische Masse einer unter säkularen Vorzeichen gleichgestellten Religion.

Muslime, die – in der Absicht aufzuklären – vor einer kritiklosen Akzeptanz ihrer eigenen Religion warnen und dafür unter anderem das Patriarchat, Emanzipation verhindernde Traditionen, die Zwangsheirat und Hassprediger anführen, sind über jeden Verdacht fremdenfeindlicher Missbilligung erhaben und können höchstens als Nestbeschmutzer angesehen werden. Der Integrationsdiskurs sollte aber nicht auf die Einordnung von Überzeugungen reduziert werden, sondern sich an nachweisbaren Fakten orientieren. Festzuhalten ist zunächst, dass die moderaten und gut integrierten Muslime hierzulande weniger auffallen, da sie religionspolitisch kaum oder gar nicht aktiv sind.[11] Nach Abdel-Samad (2018) sind jedoch die Integrationsbemühungen für die weniger in der Demokratie angekommenen Teile der muslimischen Glaubensgemeinschaft zum Scheitern verurteilt; und zwar vornehmlich durch den ungefilterten Einfluss konservativer und fundamentalistischer Islamverbände, welche, vom Ausland gesteuert, mit Absicht und System die Bildung und Erweiterung von Parallelgesellschaften vorantreiben (17f.). Tatsächlich

10 Die Überwindung der Schwierigkeiten bei der Integration von Geflüchteten erfordert eine sozialwissenschaftlich fundierte Professionalisierung. So hat das Land Baden-Württemberg vor dem Hintergrund seiner Erfahrungen aus der Anfangsphase der großen Fluchtbewegungen das Berufsbild eines Integrationsmanagers geschaffen, dessen praktische Umsetzung es sich 55 Millionen Euro jährlich kosten lässt. Bei diesem auf freiwillige Partizipation ausgerichteten Programm erarbeiten Sozialarbeiterinnen zusammen mit den Geflüchteten Vereinbarungen für deren Integration, die den gegenwärtigen Stand feststellen und konkrete Ziele, verbunden mit Erfolgsindikatoren, setzen. Mit struktureller Unterstützung wird versucht, die vereinbarten Ziele innerhalb des Zeitplans nach und nach zu erreichen. Der Universität Mannheim obliegt die wissenschaftliche Begleitung, Evaluierung und Nachbesserung des Programms (Soldt, FAZ 17. 06. 2019: 3).

11 Das Gleiche gilt für die gut integrierten Muslime in anderen Ländern. Es sind eher fundamentalistische Akteure, die laut auftreten und den Islam zu politisieren versuchen.

waren zu der erstmalig 2006 einberufenen Islamkonferenz nur religionspolitisch aktive und vom Ausland finanzierte und gesteuerte Moscheeverbände eingeladen, obwohl sie nur einen Bruchteil der in der Bundesrepublik lebenden Muslime abdecken und obendrein nur deren konservative Anteile.[12] In der Neuauflage der Islamkonferenz von 2018 wurde eine größere Bandbreite des Islam berücksichtigt. Nun waren auch unabhängige und säkular eingestellte Muslime vertreten, die ein größeres Interesse an der Integration an den Tag legen und in gegebener Offenheit auch reformerische Ansätze verfolgen, wie die Frauenrechtlerin Seyran Ateş. Diese hatte, sehr zum Zorn ihrer fundamentalistischen Glaubensgenossen, 2017 in Berlin die Ibn-Rushd-Goethe-Moschee gegründet, ein liberales muslimisches Gotteshaus, dessen Tore für alle Bevölkerungsteile geöffnet sind. Abdel-Samad schließlich schlägt für staatliche Ordnungsinstanzen, für die Wirtschaft und Zivilgesellschaft inklusive der Islamverbände und Kirchen sowie auch für die Flüchtlinge selbst einen „neuen Marshallplan" vor, der mit einer Reihe praktischer Ratschläge und einem Maßnahmenkatalog zur Einhaltung säkularer Grundwerte dazu dienen soll, bessere Voraussetzungen für die Integration muslimischer Mitbürgerinnen und Mitbürger zu schaffen (234 f.).

Der arabischstämmige, in Israel ausgebildete und in Deutschland tätige Psychologe Ahmad Mansour setzt in seinem Beitrag „Klartext zur Integration" (2018) auf Aufklärung und eine differenzierte Selbst- und Fremdwahrnehmung. An konkreten Fallbeispielen und Erfahrungswerten aus seiner beruflichen Tätigkeit erläutert er die komplexen Einflüsse, die Fehlentwicklungen hervorrufen, wie Radikalisierungen sowohl in der Mehrheitsgesellschaft als auch in den zugewanderten Minderheiten und eine falsche Toleranz, die diese begünstigt. Er plädiert mit einem reformerischen Anspruch für eine innerislamische Debatte, deren praktikable Ergebnisse in der öffentlichen Meinungsbildung Vorurteile abbauen und eine neue Vertrauensbasis begründen könnten. Sein ergebnisorientierter Forderungskatalog für eine gelingende Integration richtet sich an Politik und Zivilgesellschaft und nimmt sie in die Pflicht, diesen Auftrag gemeinschaftlich zu erfüllen, in den sehr viel mehr als bislang mit materiellen und menschlichen Ressourcen zu investieren bleibt. Vor allem ist eine Kompetenzsteigerung in der angewandten Sozialwissenschaft erforderlich, die in der Lage ist herauszufinden, worum es bei problematischen Zusammenhängen geht und wie Integration auch bei schwierigen Personen gelingen kann.

Man darf sicherlich von einer Komplexitätssteigerung sprechen, wenn gelingende Integrationsarbeit mit Migranten nachweislich zu zusätzlichen Konflikten führt. El-

12 Ob der Islam in Deutschland angekommen ist oder nicht, wird sich auch daran messen lassen müssen, ob die Deutungsmacht der islamischen Theologie oder die Auswahl von Klerikern und religiösen Amtspersonen an deutschen Moscheen wie bislang der türkischen Religionsbehörde überlassen bleibt. Islamische Theologie zur Ausbildung von Imamen wird nunmehr auch an deutschen Universitäten angeboten. Daneben ist eine Art Moscheesteuer im Gespräch – nicht in Übereinstimmung mit der Kirchensteuer, sondern in Anlehnung an sie – oder auch eine andere, etwa spendenbasierte Finanzierung, um die Unabhängigkeit der Moscheegemeinden von ausländischen Geldgebern zu erreichen, die theologisch und politisch Einfluss nehmen.

Mafaalani (2018) spricht von einem Paradox der Integration, da gelungene Integration das genaue Gegenteil ihrer eigentlichen Intention provozieren kann, ausgewiesen am Beispiel, das Tragen eines Kopftuchs in der Öffentlichkeit zu beanstanden. Wohlgemerkt, es geht nicht um den funktionalen oder modischen Aspekt der Kopfbedeckung einer Frau als solcher, sondern um das Kopftuch einer Muslima. Als Kleidungsstück im Reinigungsdienst wäre es keiner Erwähnung wert gewesen; Kritik erntet es erst, wenn kopftuchtragende Frauen mit Universitätsabschlüssen als Lehrerinnen oder als zugelassene Rechtsanwältinnen auf den Arbeitsmarkt drängen.[13] Bildung und bessere Chancen der Berufsausübung sind wesentliche Merkmale der Integration, werden aber widersprüchlich wahrgenommen, wenn sie über ein besonderes Merkmal wie das Kopftuch mit einem Religionsbekenntnis und einem möglichen Verhaftetsein in vermeintlich archaischen Grundwerten assoziiert werden. Konflikte dieser Art sind an sich nicht bedenklich, im Gegenteil: In einer offenen Gesellschaft rufen sie nach einer adäquaten sozialwissenschaftlichen Einordnung und werden produktiv ausgetragen und bearbeitet.

Im beschriebenen Konflikt wird das Paradigma der Modernisierung infrage gestellt, das im Zuge der Eingliederung von Arbeitsmigrantinnen in eine funktional arbeitsteilige Gesellschaft vorgibt, religiöse oder ethnische Herkunfts- und Identifikationsmerkmale wie das Tragen eines Kopftuchs zunehmend zum Verschwinden zu bringen. Diese Transformation von vormodern definierten Gruppenidentitäten in eine vornehmlich auf Arbeit und berufliche Tätigkeiten beruhende Gesellschaftsorganisation findet empirisch nachweisbar statt, aber nicht stets und überall. Die individuelle Fähigkeit der Teilnahme am wirtschaftlichen Fortschritt durch Bildung und qualifizierte Arbeit, ermöglicht durch eine demokratisch aufbereitete Wettbewerbsfähigkeit, trägt sicherlich zum gesellschaftlichen Wandel bei. Allerdings spielen auch nichtwirtschaftliche und gruppendynamische Zugehörigkeitsmerkmale sowie religiöse Leitlinien bei beruflichen Integrationsbemühungen eine nachhaltig wichtige Rolle. Als Motivationsgrundlage wird ihnen mitunter ein sehr viel höherer Geltungsanspruch beigemessen als einer ergebnisorientierten funktionalen Einordnung in das arbeitsteilige System – gerade dann, wenn wirtschaftlicher Erfolg zwar vorhanden ist, aber als Bewährungs- und Statusfaktor nicht ausreicht oder nicht die erwünschte Erfüllung des Lebens mit sich bringt (Hanf 1984: 281; vgl. Nassehi 1993). Die strukturelle Integration in das berufliche Stellungsgefüge einer Gesellschaft geht nicht unbedingt einher mit der Aufgabe eines eigenkulturellen Selbstdarstellungsbedürfnisses wie das Tragen des Kopftuchs gebildeter muslimischer Frauen als Ausweis ihrer religiösen Identität. Damit ist freilich noch nicht gesagt, aus welchem Beweggrund heraus ein Kopftuch getragen wird. Religiöse Selbstbestimmung oder die bewusste Beibehaltung von Herkunftstraditionen unter

13 Der Erste Senat des Bundesverfassungsgerichts erklärte im Jahr 2015 ein pauschales Kopftuchverbot für Lehrerinnen an öffentlichen Schulen für verfassungswidrig. Dagegen hält ein neueres Gutachten das Berliner Neutralitätsgesetz, das Angestellten im öffentlichen Dienst das Tragen von religiösen und weltanschaulichen Symbolen und Kleidungsstücken verbietet, für rechtmäßig (Bethke, FAZ 16. 09. 2019: 13).

säkularen und demokratischen Bedingungen mögen eine Rolle spielen. Die Spielregeln einer offenen Demokratie sind allerdings verletzt, wenn eine Frau durch die Vorschriften oder die Kollektivverpflichtung einer Glaubensgemeinschaft dazu gezwungen wird, das Kopftuch gegen ihren Willen zu tragen.

In Bezug auf den öffentlich und ebenso in akademischen Foren ausgetragenen Diskurs über das Kopftuch steht die offene Zivilgesellschaft in der Regel für eine pluralistische Weltordnung und wird im Rahmen der Religionsfreiheit und des Selbstbestimmungsrechts muslimischen Frauen zu einer freiheitlichen und eigenverantworteten Entscheidung verhelfen wollen. Schließlich ist der alltägliche Umgang ehrenamtlich Arbeitender mit kopftuchtragenden Muslima, gegenüber allen möglichen religionspolitischen Einordnungsversuchen, mehr von den Anforderungen des praktischen Alltags geprägt, ausgehend von den Erfahrungswerten zwischenmenschlicher Normalität. Das Kopftuch an sich erfährt weniger Beachtung als die Person, die sich damit bedeckt[14] (Kapitel 3.3.2).

Nach den vorangegangenen Ausführungen über bessere Gestaltungsmöglichkeiten der Integration zugewanderter Minderheiten darf ein Kontrapunkt nicht fehlen. Diesen liefert Max Czollek (2018) mit seiner Streitschrift „Desintegriert euch!". Integration kann nämlich auch ein Zuviel an Anpassung bedeuten, einen Verlust von Individualität hin zu einem funktionierenden Rädchen im Getriebe eines Systems, das auf Leistungsorientierung programmiert ist. Er plädiert für eine multiple Identitätspolitik, die sich Freiheiten der sozialen und kulturellen Selbstbestimmung bewahrt und sich gegen den homogenisierenden „nationalen Chauvinismus" der Mehrheitsgesellschaft stemmt (73). Die Friedens- und Konfliktforschung bestätigt, dass es besser ist, wenn sich Menschen in ihrer Vielseitigkeit begegnen und zu verstehen suchen, als sich einseitig abzugrenzen oder Angleichung einzufordern. Die Intoleranz gegenüber Vielfalt und das Festschreiben von Menschen auf unveränderliche ethnische oder religiöse Charakter- und Identitätsmerkmale markieren bekanntlich den Weg zur Gewaltbereitschaft (Sen 2006). Einen Menschen macht sehr viel mehr aus, als es eine auf Eindeutigkeit abzielende externe Etikettierung zulässt; und es bedarf Menschenfreundlichkeit und offenherziger Empathie, um die gesamte Bandbreite einer Person zu erleben oder zum Leben zu erwecken. Wird der Pfad der Vorurteile und Engführungen in Richtung weltoffener, weiterführender Optionen verlassen und wird der Vielfalt zwischenmenschlicher Begegnungen ganz bewusst der Vorzug gegeben, können und werden sich in der Begegnung mit Geflüchteten neue Horizonte öffnen. Schließlich geht es um eine pluralistische Teilhabe und Teilnahme an einem gesellschaftspolitischen Prozess, der nie abgeschlossen sein kann.

Allerdings läuft Czollek (2018) selbst Gefahr, in einen zivilisatorischen Chauvinismus zu verfallen, da er für eine „jüdisch-islamische Leitkultur" plädiert (191) und somit allen Andersdenkenden und -glaubenden Richtwerte ihrer Integration vorzuschreiben versucht. Wenn überhaupt von einer Leitkultur die Rede sein soll, dann kann diese in unserer globalisierten Welt nur in den universalen

14 Das Gleiche sollte auch für Männer mit einer Kippa sowie für verheiratete jüdisch-orthodoxe Frauen gelten, die ebenfalls ein Kopftuch tragen.

Menschenrechten fundiert sein, die allen Religionen und Glaubensgemeinschaften wie auch atheistisch Eingestellten Gewissensfreiheit und gleichberechtigte Existenzrechte einräumt.

Minderheiten üben im Übrigen nicht selten einen nachhaltigen Gruppendruck beziehungsweise -zwang auf ihre Mitglieder aus, der die Freiheit der persönlichen Entscheidung und Entwicklung ungünstig zu beeinträchtigen vermag. Deshalb ist es wichtig, das Recht auf Eigenbestimmung und gruppeninterne Erneuerung innerhalb von Minderheiten, aber auch von Mehrheiten aufrechtzuerhalten. Dies umzusetzen, kann weiterreichenden Entwicklungen und sinnvollen Reformbewegungen Vorschub leisten, hin zu einer lernbereiten Gruppenformation, die miteinander im Gespräch bleibt, im Gegensatz zu einer statisch geschlossenen (Rolly 2005).

Zusammenfassend bleibt festzustellen, dass Integration sowohl Alteingesessenen als auch Zugewanderten etwas mehr Flexibilität füreinander abverlangt, wobei es nicht um ein multikulturelles Nebeneinander, sondern um ein interkulturelles Miteinander geht. Die vollständige Aufgabe der eigenkulturellen Herkunft einer Minderheit und ihre komplette Anpassung an die Mehrheitskultur (Assimilation)[15] auf der einen Seite; demgegenüber die Verweigerung sämtlicher Anpassungsangebote und ein Zementieren von Herkunftstraditionen (Dissimilation): Beides bleibt zwar – solange keine unfreiwillige Kollektivverpflichtung damit verbunden ist – unter menschenrechtlichen Gesichtspunkten der Entscheidungsfreiheit des oder der Einzelnen überlassen. Doch ist besonders die Dissimilation in ihrer Extremform einer harmonischen Koexistenz nicht zuträglich. Dagegen ist es ein Gebot der Menschenfreundlichkeit, aufeinander zuzugehen, miteinander zu sprechen und sich untereinander (selbst-)kritisch zu begleiten; dass man gibt und nimmt, etwas loslässt und dazugewinnt, um immer besser miteinander auskommen und leben zu können.

Bei diesem abstrakt und allgemein gehaltenen Diskurs darf eine Konkretisierung auf die Lebenswelt nicht ausbleiben. Bei der beispielhaften Darstellung von Integrations-, Assimilierungs- oder Dissimilationsprozessen stellt sich unweigerlich die Frage, welche Merkmale denn nun eine typisch deutsche Mehrheitskultur aus-

15 Es muss daran erinnert werden, dass Menschen zwar keine unfreiwillige Pflicht zur Assimilation, aber ein freiwilliges Recht auf diese haben und dass sie kein „Verbrechen gegen die Menschlichkeit" darstellt. Es läuft auf die Verletzung eines grundlegenden Menschenrechts hinaus, wenn Menschen die selbstbestimmte Entscheidungsfreiheit auf Gruppenzugehörigkeit abgesprochen wird. Verschiedene Artikel des internationalen Menschenrechtssystems und des Minderheitenschutzes – zum Beispiel Artikel 27 des Internationalen Pakts für bürgerliche und politische Rechte, und Artikel 3.1 des Europäischen Rahmenübereinkommens für den Schutz nationaler Minderheiten – betonen das Individualrecht auf eine eigene Religion, Kultur und Sprache. Dies ist zunächst das Recht von Einzelnen und darf in keinem Fall mit einer Verpflichtung einer Gruppe gegenüber verwechselt werden. Jedoch sind mit dem Individualrecht auf Entscheidungsfreiheit für eigenkulturelle Selbstbestimmung auch Dissimilation, Desintegration oder selektive Integration nach Merkmalen des soziokulturellen Lebensstils, der Bildung und der religiösen Überzeugung möglich.

machen: ausgelassen Fassnacht feiern, sich als Dichter und Denker verstehen, Kirchen von innen kennen, in der Stammkneipe Bier trinken, Fan eines Fußballvereins sein, den Wald lieben, pünktlich sein, bevorzugt Fleisch, Wurst und Kartoffeln essen, auf jeden Fall Weihnachten feiern, leistungsorientiert vorwärtsstreben, die deutsche Geschichte kennen, Verfassungspatriot sein oder dergleichen Typisierungen mehr? Manch Mitglied der Mehrheitsgesellschaft wird sich nur partiell mit diesen Merkmalen identifizieren können, was bedeutet, dass das Angebot der Assimilation beziehungsweise Integration keine systemisch eindeutigen Richtungsverläufe veranschlagen oder vorschreiben kann. Ebenso lassen sich Zugewanderte nicht auf typische Merkmale einer Minderheitenkultur reduzieren, etwa auf Patriarchat, Speise- und Bekleidungsvorschriften, arrangierte Heiraten und dergleichen mehr. Wir sind unterschiedlich sozialisiert und erfreuen uns innerhalb und außerhalb des Rahmens, in den wir gestellt sind und in den wir andere stellen, individueller Freiheiten und Eigenheiten, die sich im Laufe der Lebenszeit verändern – mit dem Ergebnis einer durchmischten und sich wandelnden Gesellschaft.

1.3 Das soziale Kapital des Ehrenamts

Jedes ehrenamtliche Engagement für einen Aufgaben- oder Verantwortungsbereich erfordert persönliche Anteilnahme und eine intensive Beschäftigung mit Personen und Sachverhalten. Dieses an der praktischen Bearbeitung von Problemen orientierte Interesse hat Lernerfahrungen zur Folge und bewirkt im Laufe der Zeit eine wachsende Sachkompetenz. Die meisten der ehrenamtlich Tätigen waren ja zuvor kaum mit dem Islam in Berührung gekommen. Sie kannten sich im Asylrecht nicht aus und wussten nichts darüber, welche Rechte, Pflichten und Aussichten Flüchtlinge im Zuge ihres Verfahrens haben – bezüglich materieller und gesundheitlicher Grundversorgung, schulischer oder beruflicher Bildung und des Zugangs zum Wohnungs- und Arbeitsmarkt. Nun wurden sie quasi „über Nacht" Zeugen und existenziell Teilhabende an familiären Gemeinschaften mit muslimischer oder anderer Weltanschauung, hatten verstärkt mit den verschiedensten Behörden zu tun oder in komplizierten Fällen einen Rechtsbeistand zu organisieren. Alle Projekte berichten von einer intensiven Betreuung der Geflüchteten sowie einer existenziellen Einfühlung in deren Bedürfnisse. Damit ging ein vermehrter Kontakt zu Dienststellen und Ämtern einher, in denen sich zwar mitunter Verbündete fanden, mit denen es aber auch zu unerfreulichen Auseinandersetzungen kam.
Die Berichte stimmen darin überein, dass es der persönliche, verlässliche und informierte Einsatz von Ehrenamtlichen ist, der, im Unterschied zu einer rein bürokratischen und oft langwierigen Abwicklung, den Geflüchteten wirklich Gewinn bringt: In manchen Fällen mag man auf dem sogenannten kurzen Dienstweg zum Ziel kommen; in anderen wiederum ist Ausdauer gefragt, müssen Umwege beschritten werden. Wir haben es hier mit einem Nutzwert sozialer Beziehungen zu tun: Die mitmenschliche und lernfähige Anteilnahme am Bearbeiten problematischer Konstellationen im Leben und Umfeld der Flüchtlinge stellt für diese und zu einem gewissen Teil auch für die Behörden eine außerordentliche Hilfe dar.

Damit ist noch nichts darüber ausgesagt, ob dieser Nutzwert sozialer Beziehungen eine einseitige Angelegenheit bleibt, reduziert auf die funktionalen Anforderungen des Erledigens von Aufgaben; oder ob über das erreichte Ergebnis hinaus ein nachhaltiges Interesse daran besteht, das familiäre oder freundschaftliche Miteinander ohne einen vordergründigen Zweck aufrechtzuerhalten.

Bourdieu (1996) hat für den Vermögenswert nutzbringender sozialer Beziehungen den Begriff „soziales Kapital" in den sozialwissenschaftlichen Diskurs eingebracht. Soziales Kapital bedarf der Pflege und kann durch Investitionen erhöht werden. Zu den Investitionsgrößen gehören unter anderem Zeit, die man aufbringt; Aufmerksamkeit, die man teilt; Achtung, die man zollt, wie auch finanzielle Mittel in Form von Geschenken und anderen Zuwendungen. Soziales Kapital ist darauf angelegt, auf Zeit gepflegt zu werden. Es ist charakterisiert durch ein gegenseitiges Geben und Nehmen, sich Stützen und Fördern, Sicherheit und Verlässlichkeit. Vorteilhafte soziale Beziehungen motivieren daher einen Menschen, die damit gegebenen Angebote und Ressourcen zu nutzen, um seine Lebenschancen zu erweitern und voranzukommen. Festzuhalten ist, dass der Begriff des sozialen Kapitals sowohl ökonomische als auch nichtökonomische Variable für einen Wertgewinn einbezieht. Das Ehrenamt beabsichtigt zwar nicht, menschliche Zuneigung, selbstlose Nächstenliebe, Hilfe zur Selbsthilfe, auch partizipative Steigerung von Kompetenzen und Einflüssen nutzenorientiert und mit wirtschaftlichem Zugewinn zu vermarkten. Doch ergeben sich mit zunehmender Integration und gegenseitiger Entsprechung von Geben und Nehmen soziale Anerkennungswerte, die auf die Verlässlichkeit harmonischer Koexistenz hoffen lassen und darüber hinaus zu einem positiven Wirtschaftsfaktor werden können.

Was die mikroanalytischen Eigenschaften des Vermögenswertes sozialer Beziehungen und deren Optimierung angeht, so bestätigen die Forschung und alltägliche Erfahrungswerte, dass es nicht die Quantität der genannten und eingebrachten Investitionsanteile ist, die den wesentlichen Unterschied ausmacht, sondern deren Qualität und Intensität. Coleman (1996) definiert soziales Kapital als funktionale Beziehung zwischen Personen, die eine Ressource für das Verfolgen von Zielen verkörpert. Er legt Wert darauf, dass soziales Kapital nicht in den Handelnden selbst angelegt ist, sondern der Qualität der *Struktur von Beziehungen* innewohnt (ebd.: 82 f.).[16]

Das soziales Kapital des Ehrenamts und ebenso das der professionellen Sozialen Arbeit wird des Weiteren eingesetzt, um innerhalb bestimmter Bevölkerungs-

16 Coleman identifiziert weiterhin drei Konstitutionsweisen des Beziehungsgeflechts des sozialen Kapitals und erläutert diese an empirischen Beispielen: 1) die gegenseitigen Verpflichtungen und Erwartungen, die von der Vertrauenswürdigkeit des sozialen Umfelds abhängen; 2) das Niveau des Informationsflusses zwischen Personen und die damit verknüpften Potenziale innerhalb der Sozialstruktur; und 3) die von Sanktionen untermauerte Wirksamkeit sozialer Normen (ebd.: 93). Alle drei Faktoren haben auf ihre Weise etwas mit der Qualität von sozialen Beziehungen zu tun, bezogen auf Verlässlichkeit, informierten Sachverstand und institutionell abgesicherte Umgangsformen. Diese begrifflichen Deutungsvariablen des sozialen Kapitals sind von außerordentlicher Relevanz in der Flüchtlingsarbeit, wie an konkreten Fallbeispielen aufgewiesen werden kann.

gruppen mit Blick auf gelingende Sozialisation Lücken in der Familienstruktur zu schließen. Zum Beispiel benötigen unbegleitete minderjährige Flüchtlinge autoritative Bezugspersonen, denen sie vertrauen und von denen sie sich etwas sagen lassen. Kinder und alleinstehende Bedürftige sind dann tatsächlich froh, eine „Ersatzmutter“ oder einen „Ersatzvater“ gefunden zu haben. Eine 21-jährige alleinerziehende Mutter aus Gambia, Teilnehmerin eines Konversationsprojekts in Böblingen, stellte fest: „Ich habe hier bei euch eine neue Familie gefunden, nachdem ich in meiner Heimat meine Familie verloren habe! Danke, dass ich mit allem, was mich beschäftigt, zu euch kommen kann!“[17]

Die Echtheitsmerkmale der Qualität des sozialen Kapitals werden in gegenseitigem Vertrauen sichtbar und erfordern, wie bereits angeführt, eine nachhaltige Pflege. So erscheint es nicht selbstverständlich, dass orthodox eingestellte muslimische Eltern ihre schulpflichtigen Kinder auf eine fünftägige Freizeit mitgeben. Der dadurch bekundete Vertrauensvorschuss kommt nicht von selbst, sondern ist in einer Struktur verlässlicher Erfahrungswerte begründet, die über Jahre aufgebaut wurde. Muslimische Familien, deren Kinder innerhalb eines Projekts in Alsbach-Hähnlein bei Darmstadt am schulischen Nachhilfeunterricht teilnahmen, wurden regelmäßig besucht und in ihren alltäglichen Schwierigkeiten unterstützt. Die Projektverantwortlichen waren mit den Kindern per WhatsApp verlinkt und wurden häufig um Hilfe gebeten, wenn verschiedene Schreiben von Schule oder Ausländeramt eingegangen waren, mit denen die Familie nicht zurechtkam. Bei den Familienbesuchen war eine herzliche Umarmung unter Frauen als Begrüßungsritual gängige Praxis. Thema war auch der einzig existierende Gott, wobei die Gemeinsamkeiten der abrahamitischen Glaubensgemeinschaften betont wurden. Ab und zu betete man sogar miteinander. Bei Spielefesten waren alle angebotenen Speisen gekennzeichnet und die Fleischgerichte mit entsprechenden Zeichnungen näher verdeutlicht. Schweinefleisch war prinzipiell nicht dabei, was ebenfalls dazu beitrug, dass sich Familien „sicher“ fühlten. Dieses Beispiel zeigt, dass neben den praktizierten Werten der demokratischen Gleichberechtigung auch die Tradition Basis eines wechselseitigen Vertrauens werden kann: wenn man sich über sie austauscht und dabei unter Umständen auch übereinstimmende Werte entdeckt.

Allerdings ist beim Einsatz von sozialem Kapital auch Vorsicht geboten. Mitunter kann das soziale Kapital mit seinem Leistungsvermögen Kräfte für bestimmte Personen oder Gruppen bündeln, die anderen dann nicht zugutekommen. Die begünstigende Investition sozialen Kapitals und der daraus erwachsene Eigennutz wird bei einseitiger Handhabung sicherlich einen Nachteil für konkurrierende Personen und Gruppen schaffen, die nicht in diesen Vorzug kommen. Projekte mit Geflüchteten haben es zuweilen mit komplexen Gruppenidentitäten zu tun, mit unterschiedlichen Nationalitäten, mit sunnitischen, schiitischen und anderweitig zuzuordnenden Muslimen, mit Christen, Jesidinnen und anderen religiösen Minderheiten, die aufgrund der überkommenen Problematik aus ihren Herkunftsländern

17 Eine Stuttgarter Zeitung spricht von der Projektverantwortlichen signifikanterweise als „Ersatzmutter“: http://www.stuttgarter-zeitung.de/inhalt.boeblingen-die-ersatzmutter-steht-mit-rat-zur-seite.12ef6a3d-b8fa-4556-9158-b7a745ad5991.html

dazu neigen, sich gegeneinander abzugrenzen oder unter sich zu bleiben. Infolgedessen wird zuweilen der Versuch unternommen, die sozial vermittelten Angebote strategisch (nur) für den Vorteil der eigenen Gruppe zu vereinnahmen.

Die Analyse von Gruppenbildungen in Projekten mit Geflüchteten bestätigt tendenziell ein verstärktes Zusammenrücken nach innen und eine die Identität stabilisierende Abgrenzung nach außen, soweit eben über die individuelle Bevorzugung hinaus Nutzenfaktoren für die zugehörige Gruppe ausgemacht werden können. Der Begriff des sozialen Kapitals, im Sinne seiner einseitigen Aufbietung und Nutzung, kann daher auch zur Erklärung dafür herangezogen werden, dass Lebenschancen von manchen Menschen besser wahrgenommen werden können und anderen nur begrenzt zugänglich sind oder verschlossen bleiben. Wenn sich diese Vereinseitigungen über einen gewissen Zeitraum hinweg strukturell verdichten, kann sich als Resultat davon ein soziales und wirtschaftliches Gefälle herausbilden, indem materielle, soziale und kulturelle Ressourcen einer Gruppe auf Kosten einer anderen angesammelt werden, wie es oft zwischen Minderheiten und Mehrheitsgesellschaften der Fall ist. Letzten Endes kann eine systemische Verdichtung von sozialem Kapital ins Negative umschlagen und „strukturelle Gewalt" (Johan Galtung) hervorbringen. Die Tendenz eines durch Gruppeninteressen motivierten sozialen Kapitals, sich in der Gesellschaft zu gewichten oder eine Klassenlage zu behaupten, kann somit auch als Ursache für die vorherrschenden sozialen Ungleichheiten und ihre Reproduktion angesehen werden (Bourdieu 1996: 51 f.). Projektverantwortliche sind daher angehalten, mit ausgleichenden Beziehungen und Netzwerken die Stabilisierung von überkommenen und beabsichtigten kulturellen und sozialen Hierarchien zu vermeiden. Projektaktivitäten werden umso erfolgreicher sein, wenn es gelingt, mit einem geteilten sozialen Kapital eine Balance zwischen Gruppenidentitäten herzustellen.

Der Begriff des sozialen Kapitals hat auch eine Kehrseite, nämlich dann, wenn statt einer die soziale Integration unterstützenden Beziehungslandschaft ein Netzwerk von schlechten Freunden unvorteilhafte Einflüsse ausübt, die Geflüchtete potenziell auf die schiefe Bahn bringen. Zunächst haben es weniger gefestigte Heranwachsende und Jugendliche, die Kriegs- und Fluchterfahrungen zu verarbeiten haben, ungleich schwerer, sich im Leben zurechtzufinden, als Gleichaltrige aus einer halbwegs normalen Sozialisation. Zudem sehen sie sich in der Fremde mit einer ganzen Reihe von Widrigkeiten und Unsicherheiten konfrontiert. Oft dem Familienzusammenhalt entrissen und kulturell entwurzelt, gelingt es den jungen Geflüchteten nicht immer, den Erwartungen zu entsprechen: sich in der neuen Heimat zurechtzufinden und dem Leben wieder einen Sinn zu geben.

Trotz der Sehnsucht nach Frieden, Ruhe, Stabilität und Ordnung sind einige der Betroffenen – vor allem nach teilweise mehrfachen Rückschlägen und Frustrationserfahrungen, was nie auszuschließen ist – anfällig für negative Einflüsse und die daraus entstehenden von der Norm abweichenden Verhaltensweisen. Das negative „soziale Kapital" krimineller Netzwerke tritt bekanntlich an, das Leben vordergründig zu erleichtern. Kriminalität kann erlernt, durch aktive Einbindung gefördert und durch Umstände entschuldigt und gerechtfertigt werden. Das Bundeskriminalamt meldete zum Ende des Jahres 2018 rund 11.000 Menschen im

Land als vermisst, davon etwa ein Drittel minderjährige unbegleitete Flüchtlinge. Es darf angenommen werden, dass ein nicht exakt feststellbarer Teil von ihnen von kriminellen Netzwerken absorbiert worden ist.
Auch wird bei den an irgendeiner Stelle Rückhalt suchenden Geflüchteten mitunter eine entschlossenere Orientierung an religiösen Grundwerten offenbar, die sich zuweilen im sogenannten kulturellen Kapital oder in subkulturellen Gegenpositionen zur Mehrheitsgesellschaft manifestieren. Dagegen ist im Grunde genommen nichts einzuwenden. Religionen haben – in ihrem gemeinschaftlichen Festhalten am Transzendenten und Ausleben der jeweiligen Frömmigkeit – schon immer einen Schutzwall gegen die Widrigkeiten des Daseins geboten. Zudem ist es ein allgemein gültiges Ergebnis der Forschung, dass eine religiöse Minderheit in der Fremde zur Stabilisierung ihrer kulturellen Identität bisweilen konservativere Züge annimmt als die weniger von Auflösungsprozessen betroffene religiöse Mehrheit im Heimatland. Syrische Flüchtlinge bekunden verschiedentlich ihre Verwunderung über die streng konservative Ausrichtung der Predigten in manchen deutschen Moscheen, in denen der Koran eher fundamentalistisch ausgelegt wird. Der Islam in ihrem Heimatland stellte sich in Bezug auf Textauslegung und Lebenspraxis sehr viel moderater und liberaler dar. Jedoch mag aus den genannten Gründen ein Gerüst aus religiösen Grundwerten und strengen Vorschriften sowie die Erfahrung von Zusammenhalt und Nähe in ihrer gemeinschaftlichen Ausübung attraktiv erscheinen. Salafistische Netzwerke haben es gezielt auf frustrationsintolerante Geflüchtete abgesehen und offerieren mit ihrem Gedankengut eine vermeintliche Heimstätte metaphysischer Geborgenheit gegen eine als feindlich deklarierte Andersgläubigkeit. Diese Zusammenhänge eines pluralistischen Wettbewerbs um soziale und kulturelle Wertefundierungen und Lebensstile in einer offenen Gesellschaft machen es umso notwendiger für das Ehrenamt, ein soziales Kapital einzubringen, das demokratischen Grundeinstellungen entspricht, mit der Verfassung konform geht sowie eine chancengleiche Partizipation an der Berufs- und Lebenswelt garantiert und fördert. Das Feld darf nicht undemokratischen Kräften überlassen werden. Geflüchtete, die religiösen Minderheiten zuzuordnen sind, werden auch in der Mehrheitsgesellschaft Rückversicherung und Identitätsstabilisierung für ein gleichbestimmtes Leben erhalten können. Voraussetzung dafür wie auch Ziel der gesellschaftspolitischen Ordnung ist die Akzeptanz von Heterogenität, in der Mehrheit ebenso wie in der Minderheit, als Ausdruck einer offenen und freiheitlichen Demokratie.

2. Organisation der ehrenamtlichen Projektarbeit mit Geflüchteten durch die Freikirche der Siebenten-Tags-Adventisten

Angesichts der stetig anwachsenden Flüchtlingsströme und der damit verbundenen Dringlichkeit, gesamtgesellschaftlich darauf zu reagieren, sah sich die Freikirche der STA in Deutschland veranlasst, einen eigenen Beitrag zu gelingender Integration zu leisten. So lud sie am 22. September 2015 zu einer Flüchtlingshilfekonferenz in die Verwaltungsdienststelle des Süddeutschen Verbandes[1] in Ostfildern ein. Anwesend waren die Entscheidungsträger des Nord- und Süddeutschen Verbandes, der sieben Vereinigungen sowie Vertreter der wichtigsten Institutionen der Freikirche in Deutschland: des Advent-Wohlfahrtswerkes (AWW), der Theologischen Hochschule Friedensau (ThHF), des Deutschen Vereins für Gesundheitspflege (DVG) und der Adventistischen Entwicklungs- und Katastrophenhilfe (ADRA). Man verschaffte sich zunächst eine Übersicht über bereits entstandene Projekte örtlicher Kirchengemeinden und der Helferkreise des AWW und bekundete die Absicht, diese aktiv zu unterstützen sowie weitere Projekte für die Integration Geflüchteter in Angriff zu nehmen und dafür die gemeindeinternen Kompetenzen zu bündeln. Zur theologischen Unterstützung von Eigeninitiativen unter Berücksichtigung innerkirchlich geführter Diskussionen beschloss man, sich als Freikirche mit einer Stellungnahme zur aktuellen Flüchtlingssituation zu positionieren.[2] Schließlich einigte man sich, für die fachlich kompetente Beratung und die Koordination von Aktivitäten eine Steuerungsgruppe zu etablieren, bestehend aus je einem Vertreter der Freikirche, des AWW, der ThHF und von ADRA.[3] Unter dem Motto „Gemeinsam für Flüchtlinge“ wurde dieses Aktionsbündnis beauftragt, ein arbeitsteiliges Konzept für die Planung, Finanzierung, Durchführung und Evaluierung von Projekten mit Geflüchteten zu entwickeln. Mit den jeweiligen institutionellen Kompetenzen sollte die Steuerungsgruppe die örtlichen Kirchengemeinden in ihrem ehrenamtlichen Engagement professionell unterstützen. Vorab würde die Freikirche innerhalb der Vereinigungen Personen mit der individuellen Betreuung der lokalen Projektgruppen beauftragen. Diese „Beauftragten für politisch Verfolgte und Flüchtlinge“ (BPVF) sollten als Schnittstelle zwischen den Projekten der Helferkreise auf lokaler Ebene und der bundesweiten Projektkoordination und finanziellen Förderung durch ADRA beziehungsweise der fachlichen und juristischen Weiterbildung und Beratung durch die ThHF fungieren. Abschließend wurde festgehalten, dass – ausgehend von bereits vorhandenen

---

1 Als Körperschaft des öffentlichen Rechts in Deutschland verwaltet sich die Freikirche der STA strukturell in Landeskörperschaften (in den jeweiligen Bundesländern), teilweise zusammengefasst in Vereinigungen, und in einer bundesweiten Leitung durch zwei Verbände mit Verwaltungsdienststellen in Hannover (Norddeutscher Verband) und Ostfildern (Süddeutscher Verband).

2 Die Stellungnahme wurde am 22. 09. 2015 veröffentlicht; siehe Anhang I.

3 Kurzbeschreibungen der Freikirche der STA, des AWW, der ThHF und von ADRA siehe Anhang II bis V.

Aktivitäten und hinsichtlich der Planung zukünftiger Strukturen – nicht die Absicht besteht, das Engagement der Freikirche und ihrer Ortsgemeinden in eine isolierte „adventistische Hilfe für Flüchtlinge“ münden zu lassen. Vielmehr wird eine Form der Zusammenarbeit mit anderen Einrichtungen der Zivilgesellschaft und staatlichen Stellen gesucht, die sowohl auf professioneller wie auch auf ehrenamtlicher Ebene umzusetzen ist.

Finanziert wurden die Projekte durch die Aktion Deutschland Hilft e. V. (ADH) sowie des Weiteren durch ein Sonderbudget der Freikirche der STA. ADH ist ein Bündnis 23 deutscher Hilfsorganisationen, die in der humanitären Nothilfe tätig sind und die aus einem gemeinsamen Spendenpool nach festgelegten Parametern finanzielle Zuteilungen für Projektaktivitäten erhalten (https://www.aktion-deutschland-hilft.de). ADRA als ein Teil dieses Bündnisses stellte insgesamt 235.000 Euro für die Projektarbeit mit Geflüchteten in Deutschland zur Verfügung. Zwischen dem Jahresende 2015 und dem Jahresende 2018 wurden damit insgesamt 58 Kleinprojekte mit bis zu 5.000 Euro finanziert, durchgeführt und abgerechnet. Die Freikirche der STA stellte für den Projektzeitraum 2018 bis 2019 weitere 100.000 Euro zur Verfügung, aus denen 22 Projektaktivitäten erwuchsen, die meisten davon als Folgeprojekte aus dem vorherigen Zeitraum.

Wie bereits angeführt, waren einige örtliche Kirchengemeinden und Helferkreise des AWW schon vor der Institutionalisierung des Aktionsbündnisses „Gemeinsam für Flüchtlinge“ in dieser Arbeit aktiv. Andere, besonders in Großstädten wie zum Beispiel München, nutzten die angebotenen Anleitungen und Ausbildungsmodule der Steuerungsgruppe, erschlossen sich aber für die Finanzierung ihrer Aktivitäten private Quellen. Dadurch ersparten sie sich die Verpflichtung, ein detailliertes Projekttagebuch zu führen und neben den erforderlichen Zwischen- und Abschlussberichten eine Kostenabrechnung zu liefern. Diese selbstfinanzierten Eigeninitiativen und Projektaktivitäten, die sich auf mehr als 200 belaufen, sind zwar weitgehend inhaltlich erfasst, aber nicht Gegenstand dieser Veröffentlichung.

Die in der Einleitung angesprochenen unterschiedlichen Einstellungen zur Flüchtlingspolitik in den Gemeinden der Freikirche sind sicherlich ein Merkmal des Pluralismus einer gelebten Demokratie. Sie können jedoch in der weitgehend normativ geprägten Rahmenordnung einer Gemeinschaft auch Unstimmigkeiten hervorrufen. Jedenfalls sah sich die Kirchenleitung veranlasst – ohne von oben Vorgaben für einen Verhaltenskodex oder Arbeitsauftrag Flüchtlingen gegenüber diktieren zu wollen –, den in manchen Gemeinden aufkommenden Unstimmigkeiten auf einer klärenden Ebene zu begegnen. Sie beauftragte die ThHF mit der Erstellung eines theologischen sowie eines gesellschaftspolitischen Konzeptpapiers, das zum einen eine auf christlichen Werten beruhende Flüchtlingsarbeit bestätigte und zum anderen eine tolerante Grundeinstellung gegenüber unterschiedlichen Positionen unter demokratischen Vorzeichen befürwortete.[4]

4 Siehe Anhang VI: Flucht, Migration und christlicher Dienst. Eine theologische Handreichung zur Orientierung; sowie Anhang VII: Gesellschaftspolitisches Bildungskonzept zum Ehrenamt.

2.1 Das Aktionsbündnis „Gemeinsam für Flüchtlinge"

Die bei der Flüchtlingshilfekonferenz im September 2015 für die Koordination der ehrenamtlichen Projektarbeit mit Geflüchteten eingerichtete Steuerungsgruppe, bestehend aus vier Repräsentanten der genannten Institutionen, traf sich bereits eine Woche später in Berlin. Zunächst wurde unter der Verwaltungshoheit der Freikirche eine Arbeitsteilung nach jeweiligen Kompetenzen und zugeordneten Aufgabenbereichen vorgenommen. Die Freikirche liefert den organisatorischen Rahmen und die theologische Grundausrichtung. Sie nimmt jedoch in der Flüchtlingsfrage keine direktive oder administrative, sondern lediglich eine ermutigende und unterstützende Haltung ein. Dazu soll die diakonische und seelsorgerliche Rolle von Pastorinnen und Pastoren gestärkt werden, die, wenn nicht selbst in Projekten aktiv, zumindest angehalten sind, die Integrationsarbeit ehrenamtlich tätiger Gemeindemitglieder unterstützend zu begleiten. Das AWW ist über die Verantwortlichen in den Vereinigungen (BPVF) für die Organisation der Helferkreise in den lokalen Kirchengemeinden und für die Supervision der praktischen Projektarbeit mit Geflüchteten zuständig. ADRA übernimmt die Projektabwicklung und ermöglicht den Zugriff auf ein zu erstellendes Format für die Anträge. Des Weiteren sind Kriterien für ein Projektgenehmigungsverfahren sowie für ein Projektinformationssystem zu entwickeln, bestehend aus formaler und beispielhafter Zwischen- und Abschlussberichterstattung sowie der Finanzbilanzierung. Die ThHF ist für die gesellschaftspolitische Bildung zuständig und wird auf Anfrage interessierter Kirchengemeinden Seminare und Workshops der angewandten Sozialwissenschaft für die Flüchtlingsarbeit anbieten. Die Steuerungsgruppe schließlich trifft sich regelmäßig zur koordinierenden Beratung und trifft Entscheidungen über Fragestellungen des Gesamtmanagements.

Auf die Projektarbeit mit Geflüchteten bezogen, bilden die Kirchengemeinden (kommunale Ebene) mit ihren Fähigkeiten, Bedürfnissen und Interessen das Zentrum der Initiativen und Aktivitäten. Sie interagieren über die BPVF als Ansprechpartner und Koordinatoren (Landesebene) mit den vier institutionellen Repräsentanten der Steuerungsgruppe (Bundesebene) nach ihren jeweiligen Aufgaben- und Verantwortungsbereichen. Projektaktivitäten werden entweder selbständig und/oder mit Begleitung der BPVF geplant und entwickelt. Projektanträge werden mit Hilfe standardisierter Formulare gestellt, bei ADRA eingereicht und von ihr genehmigt, finanziert, begleitet und abgerechnet.

Im Folgenden ist nicht beabsichtigt, eine chronologische Übersicht über die Diskussionen und die Hintergründe für Entscheidungen und Aktivitäten der Steuerungsgruppe zu geben. Stattdessen sollen die Ergebnisse zur Sprache kommen. Sie dienten für die Projektaktivitäten als Handlungsanleitung und wurden schließlich mit durchweg positiven Rückmeldungen in die Praxis umgesetzt. Zunächst ließ sich feststellen, dass innerhalb der Ortsgemeinden großes Interesse bestand, an der Bereitstellung und Durchführung von Integrationsangeboten für Flüchtlinge aktiv mitzuarbeiten. Räumlich gut ausgestattete Adventgemeinden, die in funktionierenden Gemeinschaften organisiert sind und sich regelmäßig zu

Veranstaltungen treffen, die darüber hinaus generell bereit sind, sich auf bedürftige Menschen und ihre Sorgen einzulassen, bieten beste Voraussetzungen für gelingende Integrationsarbeit. Unterstützend wurden Flyer und Poster direkt an die Gemeinden versandt, um das Angebot der Projektförderung des Aktionsbündnisses „Gemeinsam für Flüchtlinge" bekannt und attraktiv zu machen.

Zudem mussten die am ehrenamtlichen Engagement interessierten Gemeindemitglieder mit den Kriterien der Projektarbeit und den allgemein geltenden Richtlinien des sozialen Managements vertraut gemacht werden. Bevor diese in die Kirchengemeinden vermittelt und für die praktische Umsetzung organisiert werden konnten, waren die damit verbundenen Komponenten innerhalb eines zu gestaltenden Gesamtrahmens der bundesweiten Projektabwicklung erst einmal festzulegen und so weit wie möglich zu standardisieren.

Damit zusammenhängend bedurfte es einer Klärung, welche Inhalte innerhalb der Projekte überhaupt gefördert und abgerechnet werden sollten. Als Handlungsanleitung für das Beantragen eines Projekts wurde ein Förderkatalog erstellt. Dieser legte in der ersten Phase der Projektförderung (2015 bis 2018) unter Begrenzung des Förderungsvolumens auf maximal 5.000 Euro je Projekt die An- und Abrechnung von Sachkosten fest, schloss jedoch Personalkosten aus – selbst in dem Bewusstsein, dass der ehrenamtliche Einsatz mit großem zeitlichen und organisatorischen Aufwand verbunden ist. Weiter galt es, Projektlaufzeiten, Verlängerungsmodalitäten und korrespondierende Abrechnungszeiten festzulegen, Richtlinien für die Akzeptanz von Projektanträgen zu erarbeiten und die Entscheidungskompetenzen bei den BPVF und bei ADRA abzustecken.

Schließlich wurden die Standards der Projektabwicklung für alle abrufbar ins Netz gestellt. Auf der Webseite http://gemeinsamfürflüchtlinge.de sind unter der Rubrik „Antrag stellen" allgemeine Informationen zugänglich. Weiter sind unter „Formulare" sämtliche relevanten Formblätter aufgelistet: Projektantragsformate und Anleitung zur Antragstellung; Formate für das Projektinformationssystem (Projekttagebuch, Zwischenbericht und Abschlussbericht mit Anleitungen); Formate für den Verwendungsnachweis, Verpflichtungserklärung, Förderkatalog und weitere relevante Informationen. Auf dieser Webseite finden sich auch Hinweise zu den Themen Flucht, Migration, Asyl und Integration sowie eine ganze Reihe externer Links in verschiedenen Sprachen als Hilfestellung und Ratgeber für Geflüchtete. Zudem wurde für spezielle Auskünfte oder rechtliche und andere fachspezifische Fragen zur Flüchtlingshilfe eine Beratungshotline eingerichtet, hinter der ein vernetztes Expertenteam steht. Bisherige Anfragen bezogen sich unter anderem auf Möglichkeiten der Authentifizierung verlorener Dokumente, auf rechtliche Fragen des Familiennachzugs und auf Klärung des Status palästinensischer Flüchtlinge, die in Syrien durch die Vereinten Nationen registriert wurden, dort ansässig sind und nunmehr in der Europäischen Union Schutz suchen.

Unterstützt durch bundesweit angebotene Aus- und Weiterbildungsseminare sowie Workshops über praktische Fragen der Integration, ergänzt durch vereinigungsweit organisierte Zusammenkünfte zu Austausch und Vernetzung sowie nicht zuletzt durch die Herausgabe einer Broschüre „Gemeinsam für Flüchtlinge" als Hand-

lungsanleitung für die ehrenamtliche Projektarbeit mit Geflüchteten entwickelte sich in den Kirchengemeinden eine erfreuliche Dynamik von Projektaktivitäten.
Die Steuerungsgruppe, die sich mehrmals im Jahr traf, besprach den jeweils aktuellen Sachstand der Projektförderung, die Inhalte und Schwerpunkte der Projektaktivitäten sowie die Verwaltung und Abrechnung der Mittel vor dem Ende der Projektlaufzeit. Weiterhin ging es unter anderem um die Netzwerkarbeit mit anderen zivilgesellschaftlichen Kräften; das in lokalen Gemeinden durchgeführte Kirchenasyl; die Ausgestaltung der Webseite und der darauf angesiedelten Dokumentation von Projektaktivitäten unter Einhaltung des Datenschutzes; die Erarbeitung von Hilfen zur Gottesdienstgestaltung für den Weltflüchtlingstag (zur Anwendung an einem „Weltflüchtlings-Sabbat"); die Koordination und Überarbeitung der Mitarbeiterliste der Beratungshotline; die Vorbereitung, Arbeitsteilung und Dokumentation der vorliegenden Veröffentlichung.
Um den engagierten Projektgruppen eine Plattform zu bieten, einander kennenzulernen, Erfahrungen und Ideen auszutauschen und sich zu vernetzen, wurde schließlich ein bundesweites Begegnungstreffen in Erwägung gezogen. Auf Einladung des Aktionsbündnisses „Gemeinsam für Flüchtlinge" trafen sich vom 24. bis zum 26. November 2017 mehr als 60 ehrenamtlich Mitarbeitende in Flüchtlings- und Integrationsprojekten auf dem Campus der Theologischen Hochschule in Friedensau. Die Fülle und Intensität der an diesem Wochenende dokumentierten Aktivitäten und Erfahrungen von Kirchengemeinden war beeindruckend und verdiente eine besondere Würdigung und Wertschätzung. Wer Geflüchtete begleitet, lässt sich nicht nur auf einen herausfordernden und kräftezehrenden Dienst ein, sondern ist zwangsläufig mit den Leiderfahrungen dieser Menschen konfrontiert und der Gefahr einer sekundären Traumatisierung ausgesetzt. Auf Wunsch der Projektverantwortlichen hielt Andreas Bochmann, Ph. D., mittlerweile Professor für Beratung und Seelsorge an der ThHF, an diesem Wochenende zwei Vorträge zu den Themen Psychohygiene und Sekundäre Traumatisierung. Sie richten das Augenmerk auf einen achtsamen Umgang der Mitarbeitenden mit sich selbst und der eigenen psychischen Gesundheit und sind auf der Webseite gemeinsamfürflüchtlinge.de abrufbar.

> Die Vielfalt der vorgestellten Projekte, die Bereitschaft, sich mitzuteilen, voneinander zu hören und zu lernen, wurde als eine ermutigende, stärkende und prägende Erfahrung dieses Wochenendes wahrgenommen und zum Ausdruck gebracht. „Der Austausch, die Horizonterweiterung, die mentale und moralische Unterstützung, die Würdigung des Ehrenamtes und die Wertschätzung dieser Arbeit waren hilfreich und haben einfach gutgetan", war ein viel gehörtes Resümee dieses Wochenendes. Es war beeindruckend, die ungebrochene Motivation der Ehrenamtlichen zu erleben, ihr Engagement trotz manch ernüchternder oder frustrierender Erfahrung fortzusetzen und Herausforderungen anzunehmen, ohne in Larmoyanz zu verfallen. Unverkennbar zeichnet sich mit der wachsenden Erfahrung eine Professionalisierung der ehrenamtlich arbeitenden Projektgruppen ab (Götz 2018: 15).

2.2 Aus- und Weiterbildungsangebote der Theologischen Hochschule Friedensau

Im Zuge der Vermittlung der von der Steuerungsgruppe vorgesehenen Angebote meldeten die örtlichen Kirchengemeinden Aus- und Weiterbildungsbedarf für ihre Projektarbeit mit Geflüchteten an. Daraufhin erstellte die ThHF Module, die einige ihrer Professorinnen und Professoren bundesweit in Wochenendseminaren, Workshops und Gruppenaktivitäten unterrichteten. Folgende Aus- und Weiterbildungsmodule wurden angeboten:

Modul 1 – Partizipative Projektarbeit:
Wie gestalten wir gemeinsam mit Flüchtlingen zielführende und Erfolg versprechende Projekte?

Modul 2 – Soziale Arbeit mit Kriegsflüchtlingen:
Absolventen des Fachbereichs Christliches Sozialwesen berichten von ihrer Arbeit mit dem Deutschen Roten Kreuz

Modul 3 – Das Menschenrecht auf Asyl:
Deutsches Asylrecht für politisch Verfolgte und Kriegsflüchtlinge

Modul 4 – Trauma:
Traumatisierte Menschen aus Kriegsgebieten verstehen und mit ihnen umgehen lernen

Modul 5 – Interkulturelle Kompetenz:
Der verstehende Umgang mit Menschen aus anderen Kulturen

Die Zusammensetzung derer, die an den Seminaren und Workshops teilnahmen, war bunt gemischt. Einige waren ohne jegliche Projekterfahrung, begannen sich gerade für die ehrenamtliche Flüchtlingsarbeit zu interessieren und wünschten dementsprechend eine erste Orientierung. Andere waren bereits in die Flüchtlingsarbeit involviert und benötigten Detailwissen, besonders auf juristischem Gebiet, um qualitativ bessere Dienstleistungen anbieten zu können. So wurden Informationen sowohl für die Neueinsteigerinnen als auch für die bereits ehrenamtlich Tätigen bereitgestellt. Die Teilnehmer würden als Multiplikatoren untereinander für einen regen Erfahrungsaustausch sorgen und mit einer möglichen Vernetzung ihrer Aktivitäten einen Beitrag für die Qualifizierung der Flüchtlingsarbeit leisten, so die dahinterstehende Intention.
Abgesehen von den allseits bekannten institutionellen Konstanten, die in der Integrationsarbeit sowohl für die Politik wie auch für die Zivilgesellschaft gleichermaßen handlungsanleitend sind, birgt der Umgang mit Geflüchteten und das Anliegen ihrer sozialen und kulturellen Einbindung völlig neue Anforderungen und Problemfelder, die geeignet sind, auch Verunsicherungen auszulösen. Selbst Aneignung und Anwendung interkultureller Kompetenzen können bei der Auseinander-

setzung mit fremdartigen Traditionen oder individuellen Anpassungsleistungen oft keine große Hilfe sein. Wenn nicht auf systemisch vorgegebene Lösungsangebote zurückgegriffen werden kann, sind gegebenenfalls auch außergewöhnliche und unkonventionelle Erneuerungen gefragt, die allerdings auch misslingen und sich als ungeeignet herausstellen können.[5]

Eine anerkannte Methode der Sozialforschung ist das Experiment, das in der Regel dann zum Einsatz kommt, wenn nichts oder nicht viel über einen Themenbereich oder Bevölkerungsanteil bekannt ist. Die Arbeit mit Flüchtlingen stellt sich in der Tat des Öfteren als ein Experimentierfeld dar; das ist nicht herabsetzend gemeint. Das vielschichtige Umfeld von multiplen und hybriden kulturellen Identitäten erfordert häufig mehr als konventionell fundierte Kompetenzen; es kommt nicht ohne Ausprobieren aus und muss bewusst auch neue und unbekannte Wege einschlagen. Das Risiko des Experimentierens, das Einlassen auf Versuch und Irrtum mit dem Abschätzen der daraus entstehenden Folgen, ist nicht (immer) kalkulierbar. Jedoch können bei offenem und vorurteilsfreiem Herangehen an eine Situation Lernprozesse stattfinden, die dann möglicherweise in einem ähnlich gelagerten Kontext wiederholbar sind. Eine Klientel mit gleichem Hintergrund und ähnlichen Bedürfnissen kann gleichartige, aber eben auch ganz andere Zugangsweisen und Arbeitsansätze erfordern. In jedem Fall ist Offenheit der Schlüssel, wie es ein Projektbericht treffend thematisiert: „Dadurch, dass wir am Anfang sehr offen waren und alles auf uns zukommen ließen, hat sich das Projekt auch entwickeln können. Das Wichtigste für uns war der eigene Wille, Kraft und Zeit zu investieren, um zu helfen und das zu tun, was den Flüchtlingen nachhaltig nützt."

Die Fähigkeit, sich immer wieder auf komplexe, unerwartete, mehrdeutige und auch widersprüchliche Situationen und Verhaltensweisen einlassen zu können, ohne sie als bedrohlich zu empfinden oder sie vorschnell zu bewerten, bezeichnet man als Ambiguitätstoleranz. Sie ist in der Arbeit mit Geflüchteten von außerordentlicher Bedeutung.

Nehmen wir das Beispiel kulturell geprägter Begrüßungsrituale, besonders die Begrüßung von Mann und Frau im islamischen gegenüber einem westlich-säkularen Kontext. Dieses Thema versuchten wir in unseren Workshops immer wieder vorsichtig und einfühlsam zu vermitteln. Wieviel Nähe und Distanz sind angebracht, schaut man sich in die Augen oder nicht, gibt man sich die Hände, und wie verhält man sich, wenn das Händegeben verweigert wird? Indes erreichten uns

5 Unter der Rubrik „Gewonnene Erkenntnisse" des Abschlussberichts schreibt ein Projektverantwortlicher, der sport- und erlebnispädagogisch mit Jugendlichen unterwegs war: „Wir bewegen uns in einem offenen, sensiblen und anspruchsvollen Handlungsfeld. Es ist sozial und psychologisch hochkomplex. Wir haben es mit lebenden Systemen und Organismen sowie der Nichtkalkulierbarkeit von Menschen zu tun. Immer wieder erlebten wir unerwartete Überraschungen, positiv wie negativ. In der Wechselwirkung von Administration/Organisation und Beziehungsgestaltung müssen wir immer wieder Spannungen ausbalancieren, die manchmal analytisch schwer zu fassen sind und trotzdem Entscheidungen und Handlungen erfordern. Auch das Unfertige, das Unvollkommene und Planabweichungen gilt es im Hier und Jetzt auszuhalten und für die Zukunft Schlüsse daraus zu ziehen."

Berichte ehrenamtlicher Gruppen, die erfrischend unbefangen mit Flüchtlingen umgegangen waren: Sie hatten sich weniger mit den Fragen einer interkulturell angepassten Begrüßung befasst, sondern einfach eine „europäische Herzlichkeit" an den Tag gelegt. Konservativ eingestellte muslimische Flüchtlingsfamilien aus Syrien wurden bei einem ersten Begegnungstreffen geschwisterlich in den Arm genommen, was sie natürlich zunächst irritierte und einigen Widerstand auslöste. Bei den weiteren Zusammenkünften normalisierte sich allerdings das Begrüßungsritual der Umarmung zusehends, bis es sich schließlich als Zeichen freudigen Wiedersehens etablierte. Echt gemeinte Herzlichkeit hat das Potenzial, kulturell oder anderweitig festgefahrene Normen überwinden zu helfen. Natürlich gelingt es nicht immer auf diese Weise; genauso wird und darf es innerhalb einer Gruppe auch den Wunsch nach individuellen Umgangsformen geben. Ein Ausprobieren auf der Basis sensibler Mit-Menschlichkeit, das das Gegenüber nicht auf ein Objekt von Untersuchungstechniken reduziert, ist sicherlich sinnvoll, um eine beiderseitig akzeptable Schnittmenge dessen zu finden, wie man gut und angemessen miteinander auskommen kann.[6]

Natürlich kann man sich bei ersten Begegnungen einfach erkundigen: Wie begrüßt ihr euch? Wieviel Distanz oder Nähe sind angebracht? Wir begrüßen uns nach Bekanntheitsgrad, Kontext und eigener Erwartungshaltung auf diese oder jene Weise; wie wollt ihr begrüßt werden? Zwischen kultureller Selbstbestimmung und dialogischer Anpassung muss eine ausgewogene Mitte austariert werden. In jedem Fall ist der Faktor der Zeit zu berücksichtigen, innerhalb derer Veränderungen für Bezugspersonen möglich sind: Menschen haben eine andere Herkunft, eine andere Religion, andere Lebensstile, andere Sitten und Gewohnheiten; diese können beibehalten werden oder sich graduell ändern, durch neue Sozialisationserfahrungen ersetzt oder auch durch Überzeugung aufgegeben werden. Der Sozialphilosoph Michael Theunissen (1977) hat den Begriff der Veränderung von Lebensgewohnheiten mit einer „Veranderung" im Sinne einer de-zentrierenden und humanisierenden Selbstwerdung (84 f.) gleichgestellt. Indem Menschen sich begegnen, miteinander kommunizieren, Erwartungshaltungen bestätigen oder eben nicht, passen sie sich an, beeinflussen sich gegenseitig und werden Andere. Das Bekanntwerden und Auseinandersetzen mit anderen Verhaltensweisen und Lebensstilen, ihre selektive Übernahme und Einübung verändert Menschen, ohne dass ihre ursprüngliche Identität dabei verloren geht. Überhaupt bewirken die Öffentlichkeit

6 Ein Bericht aus Böblingen: „Seit nun mehr als drei Jahren besucht uns eine syrische Familie regelmäßig. Bei den ersten Treffen ist uns aufgefallen, dass der Familienvater grundsätzlich Frauen nie die Hand zur Begrüßung reichte. Da wir uns zu Beginn jedes Treffens aber persönlich mit Handschlag begrüßen, wurde diese Art der Begrüßung thematisiert. Wir wollten niemanden in seinen Gefühlen verletzen, jedoch zum Nachdenken anregen. Heute ist Herr R. ein ‚Botschafter deutscher Gepflogenheiten'. Er erklärt mit einer Selbstverständlichkeit seinen neu angekommenen Landsleuten, dass diese Geste der Begrüßung mit Gleichberechtigung und Respekt zu tun hat. Besonders spannend ist hier zu beobachten, dass er es gegenüber seiner eigenen Ehefrau tatsächlich auch so auslebt! Das Miteinander der beiden auf Augenhöhe könnte besser nicht sein."

und die damit verbundenen Austauschprozesse ein ständiges Korrektiv von Einstellungen; dies muss jedoch der Aufrechterhaltung von Selbstbestimmungsfähigkeit keinen Abbruch tun. Die Voraussetzung für ein offenes Sich-Einlassen auf Veränderungsprozesse ist ein Vertrauen zueinander, das erst einmal durch entsprechende Maßnahmen aufgebaut werden will.

2.3 Die Broschüre „Gemeinsam für Flüchtlinge" als Handlungsanleitung für die ehrenamtliche Projektarbeit mit Geflüchteten

Wie bereits angeführt, war die Steuerungsgruppe mit der Aufgabe konfrontiert, die am ehrenamtlichen Engagement interessierten Gemeindemitglieder mit den Kriterien der Projektarbeit und den allgemein geltenden Richtlinien des sozialen Managements vertraut zu machen. Daher beschloss sie, neben den bestehenden Aus- und Weiterbildungsangeboten eine Broschüre mit dem Titel „Gemeinsam für Flüchtlinge" herauszugeben, die als Handlungsanleitung für die ehrenamtliche Arbeit mit Geflüchteten dienen sollte. Dieses aufgrund der damaligen Krisensituation unter hohem Zeitdruck veröffentlichte Heft liegt nach Überarbeitung mittlerweile bereits in dritter Auflage vor und ist abrufbar auf der Webseite gemeinsamfürflüchtlinge.de.

Ein soziales Projekt mit Flüchtlingen ist ein räumlich, zeitlich und personell begrenztes Vorhaben, um dem übergeordneten Ziel der sozialen, kulturellen und wirtschaftlichen Integration mit methodischen Schritten und Aktivitäten Stufe für Stufe näherzukommen. Auf dem Weg dahin ist es sinnvoll, diagnostisch nach folgendem Muster vorzugehen:

(1) eine Untersuchung durchführen, vorzugsweise partizipativ unter Einbezug von Flüchtlingen;

(2) Bedürfnisse und Fähigkeiten in einem Umfeld identifizieren;

(3) unter dem übergeordneten Ziel der Integration Unterziele zur Befriedigung von Bedürfnissen festlegen, die in einem bestimmten Zeitrahmen zu erreichen sind, wie zum Beispiel die erfolgreiche Einschulung eines schulpflichtigen Kindes in den regulären Unterricht innerhalb eines Jahres;

(4) Erfolg versprechende Methoden und Aktivitäten entwickeln, um Projektziele für eine Zielgruppe zu erreichen, beispielsweise: Deutschunterricht, Nachhilfe, Mentoring, Patenschaften, gemeinsames Lernen mit deutschen Kindern in der gleichen Altersgruppe und ähnliches;

(5) einen zeitlich begrenzten Plan für den Einsatz von Methoden in einem Projektvorschlag mit Finanzierungsoptionen entwickeln;

(6) den Plan nach Eingang der Finanzen mit einem ausgearbeiteten Projektmanagement umsetzen;

(7) nach Abschluss das Projekt evaluieren, um festzustellen, ob Projektziele erreicht wurden oder nicht (vorher – nachher).[7]

Unterziele sind neben dem Erlernen der deutschen Sprache unter anderem die Aneignung mitteleuropäischer Alltagskompetenzen, wie Schwimmen, Fahrradfahren und der Erwerb eines Führerscheins. Dazu gehört aber auch, die Gleichwertigkeit und -berechtigung der Geschlechter im täglichen Leben umzusetzen, die Anerkennung und Einübung von Gewissens- und Religionsfreiheit unter demokratischen und rechtstaatlichen Prinzipien sowie die Grundregel, dass Religion prinzipiell Privatsache ist. Des Weiteren geht es neben der Einschulung schulpflichtiger Kinder um qualifizierte Ausbildung, Studium oder die zertifizierte Anerkennung einer bereits geleisteten Qualifizierung bis hin zur Vermittlung eines Praktikums oder Arbeitsplatzes. Das Erreichen dieser Unterziele wird erschwert durch eine ganze Reihe unvorhersehbarer Einflüsse des Lebens in der Fremde. Dazu gehören die Nachwirkungen politischer Verfolgung oder von Kriegserfahrungen, posttraumatische Belastungsstörungen (PTBS), mögliche Unsicherheiten des rechtlichen Aufenthaltsstatus und das Empfinden, in der Mehrheitsgesellschaft nicht recht angekommen zu sein oder von dieser nicht richtig angenommen zu werden. Natürlich gibt es auch einen nicht näher definierbaren Mangel an Motivation, sich zu integrieren und dafür Lebenskonsequenzen einzugehen; diesen zu beheben, wird es zusätzlicher methodischer oder sozialtherapeutischer Maßnahmen bedürfen.

Aus nachvollziehbaren Gründen wird durchweg ein besonderer Wert auf die partizipative und aktive Einbeziehung der Flüchtlinge in die Planung, Gestaltung und Durchführung eines Projekts gelegt. Partizipation bedeutet Teilnahme und Teilhabe der Zielgruppe am Herausfinden bestehender Bedürfnisse oder Probleme und an der Entscheidung darüber, wie sie bewältigt werden können. Die Betroffenen werden angehalten und ermutigt, bereits in der Planungsphase eines Projekts mitzuarbeiten und mitzubestimmen, denn sie sollten am besten sowohl über ihre Bedürfnisse Bescheid wissen als auch über Potenziale und Fähigkeiten, die ihnen für ihre Integration nützlich sein können. Die gezielte und strategische Teilnahme und Teilhabe von Flüchtlingen in der Projektarbeit als Teil einer informativen Selbstbestimmung soll ihren Selbstwert als ebenbürtige Partner fördern und ihre Eigenkapazitäten stärken, anstatt sie an eine passive Empfängermentalität zu gewöhnen. Gegenüber einer konventionellen Datenerhebung bevorzugt der partizipative Ansatz einen direkten Informationszugang durch Begegnung und Aussprache, um Probleme und Bedürfnisse gemeinsam zu identifizieren und Lösungen zu erarbeiten. Die partizipative Projektarbeit mit Flüchtlingen stimmt zumindest von der Zielführung her mit dem Engagement in Selbsthilfegruppen überein. Auch hier werden mit der partizipativen Bearbeitung gemeinsamer

7 Das Themenportal Bildung der Friedrich-Ebert-Stiftung bietet eine Best-Practice-Karte von Standorten in der Bundesrepublik Deutschland an, die Erfolg versprechende Rahmenbedingen, Lehrpläne, Schulprogramme und konkrete Projekte zu Handlungsfeldern der „Integration durch Bildung" markieren und reflektieren: https://www.fes.de/themenportal-bildung-arbeit-digitalisierung/bildung/integration-durch-bildung

Probleme fachliche und soziale Kompetenzen entwickelt; man übernimmt Verantwortung, indem man solidarisch Maßnahmen zur Bewältigung entwickelt. Gemeinschaftliche Selbsthilfe bedeutet, im Rahmen der eigenen Möglichkeiten in Kooperation mit anderen Menschen aktiv zu werden.
Allerdings werden sich die in der Gruppe entwickelten Selbsthilfemaßnahmen in der Öffentlichkeit zu bewähren haben, denn ihre Umsetzung erfährt nicht selten Ablehnung vonseiten der deutschen Mehrheitsbevölkerung. Ein männlicher syrischer Flüchtling, dankbar und engagiert, berichtet von seinen alltäglichen Erfahrungen in einer Kleinstadt im Osten der Republik, von verbalen Aggressionen unbekannter Menschen auf offener Straße, die ihm Angst machten und ihn zu entmutigen drohten. Vor diesem Hintergrund sollten sich bestimmte Gruppen der Mehrheitsbevölkerung aufgefordert fühlen, mit etwas Empathie an der Lebenswelt von Geflüchteten zu partizipieren und ihren Anteil an einer doppelseitig definierten Integrationsbereitschaft aufzubringen. Da gibt es einen Nachholbedarf, der proaktiv durch politische Bildung in Angriff genommen werden muss. Schließlich ist Partizipation als Teilhabe und Teilnahme über die Methodenlandschaft der Projektarbeit hinaus als demokratischer Grundwert und zivilgesellschaftliche Einstellung zu verstehen, ausgewiesen an der sogenannten partizipativen Demokratie, die bekanntlich pluralistisch veranschlagt ist und immer mit Konfrontationen und der Möglichkeit des Scheiterns zu rechnen hat.
Natürlich hat der partizipative Ansatz in der Projektarbeit auch seine Kehrseite, nämlich dann, wenn Geflüchtete über die Möglichkeit der Mitbestimmung ihre partikularen Eigeninteressen und Machtansprüche durchzusetzen versuchen: beispielsweise mit patriarchalen Vorstellungen zum Nachteil von Frauen, mit Klasseninteressen zum Nachteil von weniger Privilegierten oder mit fundamentalistischen religiösen Wertvorstellungen gegenüber einer säkularen Ordnung und Gleichstellung aller Glaubensgemeinschaften. In der konkreten Projektarbeit wurde besonders in den Anfangsphasen hin und wieder die Erfahrung gemacht, dass männliche Flüchtlinge mit muslimischem Hintergrund einseitig Projekte für sich beanspruchten, während ihre Frauen zu Hause oder im Asylbewerberheim bleiben sollten. Auch sind Ab- und Ausgrenzungsversuche zwischen sunnitischen, schiitischen, jesidischen und christlichen Religionsgemeinschaften dokumentiert.
Daher darf die Kontrolle seitens der Projektverantwortlichen nicht aus der Hand gegeben werden, wobei zur Vermeidung falscher Kompromisse manchmal auch Konfrontationskompetenzen angezeigt sind. Optimal sind ein gelungener Diskurs zwischen allen Akteuren, der aus unterschiedlichen Meinungen einen Interessenausgleich zu gewinnen anstrebt, sowie gemeinsam unterstützte Schlussfolgerungen. Die mitbestimmende Teilhabe von Geflüchteten erfordert eine Anpassung auf beiden Seiten; daraus können sich in gegenseitigem Respekt für eigenkulturelle Besonderheiten spannende Entwicklungen ergeben, über die auszutauschen sich lohnt.

In der Sozialwissenschaft wird Partizipation nicht nur als eine Methode gehandelt, etwas zu erreichen, sondern auch als Ziel. Beispielsweise ist das Ziel der Bildung in einer Leistungsgesellschaft, qualifiziert am öffentlichen Leben teilnehmen und teilhaben zu können. Der Stellenwert der Bildung ist vorrangig im beruflichen Leistungsvermögen begründet, aber auch im Übernehmen von Pflichten und Beanspruchen von Rechten sowie der Fähigkeit, Konflikte friedlich zu bearbeiten.

2.4 Das Menschenrecht auf Religionsfreiheit (Koautor: Harald Mueller)

Die Freikirche der STA ist bekannt dafür, dass sie den Missionsauftrag des Neuen Testaments ernst nimmt. Dagegen hat die Kirchenleitung das Missionieren Geflüchteter dezidiert nicht als Aufgabe beschrieben. Auch innerhalb der Projektaktivitäten des Aktionsbündnisses „Gemeinsam für Flüchtlinge" wurden keine missionarischen Anstrengungen gefördert, finanziert oder unternommen. Für lokale Kirchengemeinden spielte die Zugehörigkeit der Flüchtlinge zu unterschiedlichen Religionen keine wesentliche Rolle. Man interagierte in erster Linie als Mensch oder orientierte sich funktional an den gemeinsam zu bewältigenden Aufgaben, während der Glaube oder die Mitgliedschaft in einer Glaubensgemeinschaft eine zweitrangige Rolle spielte.
Was die Mission Geflüchteter angeht, so wurden einige Kirchengemeinden selbständig aktiv. Aus dem vorgegebenen interkulturellen Kontext ist ersichtlich, dass die Umsetzung des Menschenrechts auf Religionsfreiheit durchaus problematisch ist und eine äußerst sensible Angelegenheit darstellt. Zunächst muss festgehalten werden, dass Muslime in ihren mitunter theokratisch regierten Herkunftsländern die Freiheit selbstbestimmter Religionsausübung nicht genießen können. Nehmen sie sie dennoch in Anspruch, riskieren sie Gefahr für Leib und Leben. Die in der muslimischen Glaubensgemeinschaft geltende Kollektivverpflichtung steht eindeutig über dem Individualrecht der religiösen Selbstbestimmung. Das Gebot, gegen die „Ungläubigen" unter allen Umständen zusammenzuhalten, basiert in der Auffassung des Islam, dass der göttliche Wille nicht durch menschliche Ordnungen relativiert oder neutralisiert werden könne. Daraus erfolgt die Ablehnung der als universal deklarierten Menschenrechte von 1948, für die das individuelle Freiheits- und Selbstbestimmungsrecht maßgebend ist. Die dagegen aufgestellte „Erklärung der Menschenrechte im Islam" von 1990 oder die „Arabische Charta der Menschenrechte" von 1994 stellen sich in aller Konsequenz gegen ein von religiösen Prinzipien emanzipiertes, unabhängiges und allgemeingültiges Rechtssystem (Borrmans 2000: 30 f.).[8] Die islamisch fundierten Menschenrechte betonen

8 Nach Art. 18 der Allgemeinen Erklärung der Menschenrechte hat jeder Mensch „das Recht auf Gedanken-, Gewissens- und Religionsfreiheit; dieses Recht umfasst die Freiheit, seine Religion oder Weltanschauung zu wechseln, sowie die Freiheit, seine Religion und Weltanschauung allein oder in Gemeinschaft mit anderen, öffentlich oder privat durch Unterricht, Ausübung, Gottesdienst und Beachtung religiöser Bräuche zu bekunden." Obwohl der Islam dieses Recht zur Missionierung von Nicht-Muslimen beansprucht und der Koran diese Einladung sogar als verpflichtend ansieht, steht es im Widerspruch zur eigenen Rechtsvorstellung, die es einem Muslim verbietet, den Islam für eine andere Religion aufzugeben (Borrmans 2000: 41 f.). Apostasie wird sogar mit dem Tode bestraft, beziehungsweise können Apostaten straffrei getötet werden (Tibi 1994: 23).

zwar Toleranz gegenüber anderen Religionen, verhehlen aber nicht, dass der Islam jenen überlegen ist, und bevorzugen daher eine konfessionelle Grundlegung „universaler" Wertbestimmungen. Entsprechend ist die Religionsfreiheit in Ländern, die sich in ihrer Verfassung zum islamischen Recht bekennen, zwar formalrechtlich festgeschrieben, aber durch versteckte oder offene Klauseln in der Gesetzgebung erheblich eingeschränkt, zum Beispiel unter dem Vorbehalt ihrer Vereinbarkeit mit lokalem Brauchtum, Sittlichkeit oder öffentlicher Ordnung (Bock 1996: 128f.).
Die unterschiedlichen Rechtsvorstellungen, die hierzulande die Ausübung von Religionsfreiheit erlauben und anderswo untersagen oder gar mit drastischen Maßnahmen ahnden, leisten ebenso der Unterstellung Vorschub, dass die Bekehrung eines Muslims oder einer Muslima zu einer anderen Religion die Chancen der Gewährung von Asyl erhöhe oder vor der Abschiebung in das Herkunftsland bewahre. Jedenfalls darf vorausgesetzt werden, dass Menschen Anspruch auf Freiheitsrechte haben und dass die Vor- oder Nachteile, die aus einer individualrechtlich zugestandenen Änderung der Religionszugehörigkeit erwachsen – aus welchen persönlichen Beweggründen heraus sie auch immer geschieht –, sekundärer Natur sind. Allerdings sind bei einem Nachweis strategischen Missbrauchs dieser religiösen Freiheitsrechte als zweckentfremdetes Mittel zu persönlichen Vorteilen auch die aufnehmenden Kirchen und christlichen Glaubensgemeinschaften in die Verantwortung zu nehmen. Dazu ein fachlicher Exkurs des Juristen Harald Mueller:

Beim Thema „Religionsfreiheit und Asyl" können sich skeptischen Menschen zwei Fragen stellen:

1. Ist lediglich ein Kernbereich der Religionsausübung im Sinne eines religiösen Existenzminimums schutzwürdig?
Schutz kann Migrantinnen und Migranten in Deutschland unter anderem wegen religiöser Verfolgung gewährt werden. Das „Asylgrundrecht" des Art. 16a Grundgesetz („Politisch Verfolgte genießen Asylrecht.") betrifft auch eine Verfolgung aufgrund der Religion. Der Anwendungsbereich dieses Grundrechts ist jedoch deshalb gering, weil Flüchtlinge sich dann nicht darauf berufen können, wenn sie auf dem Landweg über sichere Drittstaaten, von denen Deutschland überall umgeben ist, einreisen. In Betracht kommt deswegen eher ein Aufenthaltsrecht nach der Genfer Flüchtlingskonvention, die außerdem – anders als das Asylrecht des Grundgesetzes – auch vor der Verfolgung durch nichtstaatliche Akteure schützt. Wenn beides nicht greift, ist subsidiärer Schutz möglich, weil eine Bedrohungslage bei Rückkehr ins Heimatland anzunehmen ist, oder es kommt auf der untersten Stufe der Schutzmöglichkeiten ein sogenanntes Abschiebungsverbot in Betracht.[9]

9 Ein schneller Überblick ergibt sich aus der Webseite des Bundesamts für Migration und Flüchtlinge:
http://www.bamf.de/DE/Fluechtlingsschutz/AblaufAsylv/Schutzformen/schutzformen-node.html;jsessionid=67035312BB56DE1E8DE1F9A10BCCFD14.1_cid286

Bei Prüfung der mit den unterschiedlichen Schutzkonzepten verbundenen Voraussetzungen durch die administrativen Entscheider spielt auch die Frage eine Rolle, ob nach erfolgter Zurückweisung aus Deutschland im Heimatland eine Verfolgung wegen der Religion drohen würde. Hier hat man in der Vergangenheit in einschränkender Weise mit der Idee vom religiösen Existenzminimum operiert. Asylrechtlich sei nur der Glaube in seinem Kernbereich geschützt, also das sogenannte Forum Internum häuslicher Andacht, und darüber hinaus auch die Möglichkeit des gemeinsamen Gebets und des Gottesdienstes in Gemeinschaft mit anderen Gläubigen nach überliefertem Brauchtum (so zum Beispiel BVerwG, Urteil vom 17.09.1986, 9 C 96/85 – juris, oder auch BVerfG, Beschluss vom 01.07.1987, 2 BvR – juris). Angetastet werde dieses religiöse Existenzminimum erst dann, wenn den Betroffenen eine Verleugnung oder Preisgabe tragender Inhalte ihrer Glaubensüberzeugungen zugemutet werde oder sie daran gehindert würden, ihren Glauben im häuslich-privaten oder auch nachbarschaftlich-kommunikativen Bereich zu bekennen; ebenso im Gottesdienst abseits der Öffentlichkeit; in persönlicher Gemeinschaft mit anderen, wo man sich nach Treu und Glauben unter sich wissen dürfe. Kein Anspruch besteht hingegen nach den Leitlinien der vorgenannten Rechtsprechung, sich des Glaubens nach außen zu rühmen. Aus dem Kriterium des religiösen Existenzminimums ließ sich daher folgern, dass Asylsuchende einer Mäßigungsverpflichtung unterliegen, was die öffentliche Ausübung der Religion im Heimatland im Fall einer Rückführung angeht. Dieser Sichtweise hat der Europäische Gerichtshof in seinem Urteil vom 05. 09. 2012 (C-71/11 – juris) eine Absage erteilt. Der EuGH hat in seiner Auslegung der Richtlinie 2004/83/EG zu den Mindestnormen für die Anerkennung als Flüchtling oder als Person mit subsidiärem Schutzstatus klargestellt, dass es für die Frage einer Anerkennung als Flüchtling auf die Intensität der Verletzung der Religionsfreiheit ankommt. Es sei nicht abzustellen auf die Frage, ob lediglich die religiöse Betätigung in der Öffentlichkeit (Forum Externum) betroffen ist oder aber auch der „Kernbereich" des Glaubens im oben beschriebenen Sinn, also das Forum Internum. Es könne den Betroffenen nicht zugemutet werden, auf religiöse Betätigungen zu verzichten, um die Gefahr einer Verfolgung zu vermeiden. Der Aspekt des religiösen Existenzminimums als Instrument einer Einschränkung des Asylrechts dürfte damit – hoffentlich – der Vergangenheit angehören.

2. Wird Religion von Asylbewerberinnen und -bewerbern strategisch genutzt, um die Anerkennungschancen zu erhöhen?

Der Einsatz der Religion als subjektiver Nachfluchtgrund (zum Beispiel Konversion zum Christentum im Aufnahmeland, um eine verfolgungsfreie Rückkehr ins Heimatland auszuschließen) wird von denen, die über Asylanträge entscheiden, sehr wohl als strategische Möglichkeit gesehen. Daher muss die Echtheit der religiösen Identität geprüft werden, wenn Schutz wegen Verfolgung aus religiösen Gründen gesucht wird. Das ist nachvollziehbar, denn es ist bei der Durchführung eines rechtsstaatlichen Verfahrens unumgänglich, dass die Antragsteller ihre aufenthaltsrelevanten Beweggründe plausibel machen und auch beweisen müssen.

Anderenfalls wäre die Berufung auf religiöse Aspekte ein sicheres Einfallstor zur Aufenthaltszuerkennung in fast jedem Fall. In der Praxis sieht das so aus, dass bei den Asylprüfungen Fragen nach Glaubensinhalten und der persönlichen Bedeutung für die jeweiligen Schutzsuchenden gestellt werden, um herauszufinden, ob sie sich tatsächlich mit der Religion, zu der sie konvertiert sind, auseinandergesetzt haben und mit ihr identifizieren. Verlangt wird daher, dass sich die Konversion als auf tiefer innerer Überzeugung beruhend nachweisen lässt. In der Rechtsprechung der deutschen Verwaltungsgerichte findet man Beispiele, bei denen diese Beweisführung nicht als ausreichend bewertet wurde. So beanstandete man eine zweite Taufe, weil der Antragsteller damit zeige, dass er die Taufe als einen beliebig wiederholbaren Akt ansehe, was gegen eine ernsthafte Gewissensüberzeugung als Grundlage für den Religionswechsel spreche (VG Köln, 08. 05. 2008, 16 K 2464/07.A – juris). Einem anderen Gericht reichte die Beweisführung unter anderem deswegen nicht, weil der Antragsteller seinen Taufspruch nicht hersagen konnte (VG Braunschweig, 06. 09. 2009 2 A 245/09 – juris). Umgekehrt wirkt es positiv, wenn der Asylsuchende Glaubensinhalte widerspruchsfrei schildern und Aktivitäten in seiner religiösen Gemeinde nachweisen kann (VG Würzburg, 13. 06. 2012 W6K 11.30275 – juris). Allerdings kann dies wiederum nicht ausreichen, wenn sich der Antragsteller in verschiedenen Punkten als unwahrhaftig in seinen Angaben erweist (VG Oldenburg, 26. 06. 2013, 3 A 2822/12 – juris). Die Einschätzung der Glaubensüberzeugung eines Konvertiten durch die Kirchengemeinde oder den Pastor bindet die Gerichte jedenfalls nicht (OVG Lüneburg, 16. 09. 2014, 13 LA 93/14 – juris, BVerwG 25. 08. 2015, 1 B 40/15 – juris). Es gehe nicht darum, Religionswissen zu kontrollieren, denn Wissen könne auswendig gelernt sein. Weil es sich bei der religiösen Identität, auf die abzustellen sei, um eine innere Tatsache handle, obliege es dem Schutzsuchenden, von sich aus den Zusammenhang zwischen seinem Glauben und seinem Leben umfangreich, anschaulich und substantiiert darzulegen. Er muss demzufolge das Gericht von seinem religiösen Selbstverständnis überzeugen, ebenso von seiner individuellen Glaubensausprägung sowie von seinen persönlichen Entscheidungen und Erfahrungen wie auch von einer etwaigen Aktivität innerhalb einer Religionsgemeinschaft. Er muss erkennen lassen, wie es sich wahrscheinlich auf ihn auswirkte, wenn er in seinem Glaubensleben eingeschränkt würde. Er muss zeigen, dass seine Religionszugehörigkeit nicht bloß soziokulturell oder familiär bedingt ist, sondern dass und wie für ihn sein Glaube bestimmt, was ihn als Person ausmacht (VG Köln, 20. 04. 2016, 23 K 877/16. A – juris). Bei diesen Prüfungskriterien, die die deutsche Verwaltungsgerichtsbarkeit entwickelt hat, ist es naheliegend, dass bildungsschwache Asylbewerber, die Probleme haben, sich sprachlich vorteilhaft verständlich zu machen, hier im Nachteil sind. Es ist für sie schwerer, ihre Beweggründe überzeugend darzulegen, sie erkennen nicht so leicht, wo sie sich auf ein Glatteis begeben könnten. Es ist daher wichtig, dass die für die Entscheidung zuständigen Personen – sowohl bei den Asylbehörden als auch in der Verwaltungsgerichtsbarkeit – sich dessen bewusst sind und eine entsprechende Sensibilität in der Beurteilung der Persönlichkeitsstruktur aufbringen. Mir liegen aus Deutschland keine Zahlen vor, aus denen sich ergibt, in welchem Verhältnis religiöse Nachfluchtgründe zu einer Anerkennung oder Ablehnung der Asylanträge geführt haben. Allerdings ist mir Derartiges aus Schweden bekannt. Anfang 2019 wurden die Ergebnisse einer Untersuchung veröffentlicht, die sich auf 458 Asylfälle aus insgesamt 76 freikirchlichen Gemeinden in Schweden bezog (zum Beispiel Pfingstgemeinden, aber auch Gemeinden der Siebenten-Tags-Adventisten). Der Aspekt der Religion spielte danach jeweils eine ausschlaggebende Rolle für die Anerkennung oder Versagung von Asyl. Es hat hier 310 Ablehnungen und nur 148 Anerkennungen gegeben (Sveriges Radio vom 20. 03. 2019, Dopet ingen garanti för asyl | https://sverigesradio.se/sida/artikel.aspx?progamid=83&artikel=7180621).

2.5 Kirchenasyl in Adventgemeinden (Autor: Michael Götz)

Kirchenasyl geht auf eine lange Tradition zurück. Schon in vorchristlicher Zeit wurde Menschen an heiligen Stätten, beispielsweise an Tempeln, Schutz gewährt, wenn sie von Lynchjustiz oder Blutrache bedroht waren. Im Israel der biblischen Zeit wurden Asylstädte gegründet, in denen Menschen Zuflucht und Schutz vor Verfolgung fanden. Kirchenasyl im eigentlichen Sinne gibt es seit dem frühen Mittelalter. Damals ging die Schutzfunktion von Tempeln an die Kirchen über.
Das moderne Kirchenasyl begann in Deutschland Anfang der 1980er-Jahre, als drei palästinensische Familien, die von der Abschiebung in das Bürgerkriegsland Libanon bedroht waren, in der Heilig-Kreuz-Gemeinde Berlin vorübergehend und bis zur Gewährung des Bleiberechts in Deutschland Schutz fanden. In der Folge wurde das Netzwerk „Asyl in der Kirche“ gegründet. Darin schlossen sich Gemeinden zusammen, die bereit waren, Geflüchtete aufzunehmen, wenn ihnen im Fall einer Abschiebung Gefahr für Leib und Leben drohte. Veranlasst durch die drastische Verschärfung des Asylrechts Anfang der 1990er-Jahre gründete sich 1994 die Ökumenische Bundesarbeitsgemeinschaft „Asyl in der Kirche“.
Auf die sogenannte Flüchtlingskrise des Jahres 2015 hat die Freikirche der Siebenten-Tags-Adventisten mit der Gründung des Aktionsbündnisses „Gemeinsam für Flüchtlinge“ reagiert und sich damit in den zivilgesellschaftlichen Aufbruch zur Bewältigung dieser humanitären Herausforderung eingereiht. Mit der ehrenamtlichen Projektarbeit für politisch Verfolgte und Kriegsflüchtlinge ist ein breites Beziehungsnetz mit einer zum Teil intensiven Begleitung Geflüchteter geknüpft worden. Darüber hinaus waren und sind manche adventistischen Gemeinden und Helferkreise auch mit anderen Unterstützungsgruppen vernetzt und helfen auf diese Weise mit, Lasten gemeinsam zu tragen.
Im Zuge der Begleitung Geflüchteter sahen sich Adventgemeinden aus Gewissensgründen mitunter in der Pflicht, Menschen den Schutzraum des Kirchenasyls zu gewähren, um eine Abschiebung zu verhindern. Dabei handelte es sich zuallermeist um beabsichtigte Rücküberführungen in Staaten, die aufgrund der Dublin-III-Verordnung für das Asylverfahren dieser Menschen zuständig gewesen wären. Die Gewährung von Kirchenasyl speiste sich stets aus der Überzeugung, dass diesen Menschen mit dem Vollzug und in der Folge einer solchen Abschiebung

menschenrechtswidrige Härten gedroht hätten. In diesem Verständnis haben adventistische Gemeinden von ihrer christlichen Beistandspflicht gegenüber Schutzbedürftigen Gebrauch gemacht und mithilfe des Kirchenasyls den Staat in die Verantwortung genommen, eine durch das Bundesamt für Migration und Flüchtlinge oder durch Gerichte getroffene Entscheidung noch einmal überprüfen und gegebenenfalls neu bewerten zu lassen.

Soweit bekannt, haben Adventgemeinden in Deutschland in enger Abstimmung mit den jeweils zuständigen regionalen Kirchenleitungen (Vereinigungen) zwischen 2014 und 2019 insgesamt 76 Kirchenasyle mit zum Teil mehreren Personen (Familien) gewährt. Die Kirchenasylgäste kamen überwiegend aus Äthiopien sowie aus Eritrea, Afghanistan, Irak, Iran und Syrien. In den allermeisten Fällen konnte nach Ablauf der Überstellungsfrist und dem damit einhergehenden Zuständigkeitsübergang nach Artikel 17 der Dublin-III-Verordnung der Asylantrag in Deutschland gestellt und das Verfahren mit der Anerkennung eines Flüchtlingsschutzes beziehungsweise eines subsidiären Schutzes zum Abschluss gebracht werden.

Die Freikirche der Siebenten-Tags-Adventisten wird gegenüber dem Staat in Fragen des Kirchenasyls von der Vereinigung Evangelischer Freikirchen (VEF) vertreten. Für die VEF ist der Migrationsbeauftragte der Siebenten-Tags-Adventisten Ansprechpartner, der Adventgemeinden, die sich vor die Entscheidung für Kirchenasyl gestellt sehen, in rechtlicher und organisatorischer Hinsicht und in Kooperation mit dem Kirchenasylbeauftragten der VEF berät.

Kirchenasyle in Adventgemeinden fanden in Schleswig-Holstein, Berlin, Sachsen, Sachsen-Anhalt und Bayern statt. Zu einer besonderen Kirchenasylstätte wurde die Adventgemeinde Nürnberg-Mitte. Darüber berichtet Pastor i. R. Reiner Groß wie folgt:

> Es war Ostern 2014, als ich von der Adventgemeinde Bad Kissingen im nördlichen Bayern um Hilfe gebeten wurde. Eine junge adventistische Christin aus Äthiopien war Anfang des Jahres über die Niederlande nach Deutschland eingereist. In ihrer Heimat hatte sie aus politischen Gründen im Gefängnis gesessen. Nach der überraschenden Haftentlassung entschloss sie sich umgehend, das Land zu verlassen, um in Deutschland, wo bereits ein Onkel mit seiner Familie lebte, Asyl zu suchen. Nach ihrer Ankunft wurde sie zunächst in einer Einrichtung im Landkreis Bad Kissingen untergebracht. Da sie über ein Land der Europäischen Union eingereist war, erklärte sich Deutschland gemäß der Dublin-III-Verordnung für das Asylbegehren der jungen Frau jedoch nicht zuständig und forderte sie auf, das Land zu verlassen. Um sie vor der Abschiebung zu schützen, wandte sich die dortige Adventgemeinde, der für die Bereitstellung eines Kirchenasyls die notwendigen räumlichen Voraussetzungen fehlten, an den damals auch für die äthiopische Adventgemeinde in Nürnberg zuständigen Pastor.
>
> Der Gemeinderat stimmte der Aufnahme der jungen Frau in den Räumen der Gemeinde zu. Damit begann das erste Kirchenasyl der Adventgemeinde Nürnberg-Mitte. Über den Verein „Freie Flüchtlingsstadt Nürnberg“ kamen wir in Kontakt zu anderen Kirchengemeinden der Stadt, die schon seit längerem Kirchenasyl gewährten. Sehr bald schon wurden wir nach unserer Bereitschaft gefragt, auch anderen von der Abschiebung betroffenen Asylbewerbern Kirchenasyl zu ermöglichen. Fortan beher-

bergten wir zahlreiche Kirchenasylgäste. Dabei stellten wir fest, dass es sinnvoll ist, mindestens zwei Personen gemeinsam bei uns zu haben, um die betroffenen Menschen vor Vereinsamung zu schützen. Da der Bedarf an Kirchenasyl stetig zunahm, brachten wir zeitweise bis zu fünf Personen gleichzeitig bei uns unter.

Nach der jungen Äthiopierin, die nach sechs Monaten unser Kirchenasyl verlassen und in Deutschland einen Asylantrag stellen konnte, fanden bis Ostern 2019 weitere 63 Menschen Aufnahme in unseren Gemeinderäumen. Zwei weitere, Mutter mit Tochter, erhielten in der Adventgemeinde Oberasbach Kirchenasyl.

Kirchenasyl ist keine Garantie für den Erhalt des Bleiberechts. Dennoch haben wir all diese Menschen bei uns aufgenommen, damit sie eine faire Chance bekommen, angehört zu werden und gegebenenfalls hier bleiben zu können. Wenn man die Geschichten der geflüchteten Menschen hört und sich vorstellt, was sie erlebt haben, macht das sehr betroffen. Viele der Menschen, die wir kennengelernt haben, sind traumatisiert und benötigen professionelle Hilfe.

Über das Kirchenasyl hinaus haben wir in den vergangenen fünf Jahren auch Deutschkurse durchgeführt, Behördengänge übernommen und gemeinsam mit den Asylbewerberinnen und -bewerbern Formalitäten erledigt. Dringende medizinische Hilfe leistete eine Ärztin unserer Gemeinde. Die Kosten für die Versorgung mit Lebensmitteln wurden dankenswerterweise vom Verein „Freie Flüchtlingsstadt Nürnberg" getragen.

Durch die Arbeit mit Asylsuchenden haben wir zahlreiche Kontakte zum Bundesamt für Migration und Flüchtlinge (BAMF), zur Ausländerbehörde, zum Landratsamt, zur Polizei, zum Verein „Freie Flüchtlingsstadt Nürnberg" und zu anderen Kirchengemeinden bekommen. Nach wie vor arbeiten wir beim „Runden Tisch Kirchenasyl" in Nürnberg mit. Auf der anderen Seite erhielt der zuständige Pastor über 40 Anzeigen wegen Beihilfe zum unerlaubten Aufenthalt, die jedoch alle eingestellt wurden. Inzwischen erhalten Geistliche, deren Gemeinden Kirchenasyl gewähren, Bußgeldbescheide von mehreren hundert Euro.

Nach den im Sommer 2018 in Kraft getretenen verschärften Neuregelungen beim Kirchenasyl, die in der Regel eine Verweildauer von sechs auf nunmehr 18 Monate nach sich ziehen, und einer Anerkennungsquote von Härtefällen, die gegen null geht, hat sich die Adventgemeinde Nürnberg-Mitte entschlossen, vorerst keine Kirchenasyle mehr anzubieten. Wir schauen auf eine arbeitsreiche Zeit zurück, die uns zugleich gestärkt und bereichert hat. All den Menschen, die durch unser Haus gegangen sind, wünschen wir Gottes Segen.

3. Dokumentation der Projektaktivitäten des Aktionsbündnisses „Gemeinsam für Flüchtlinge"

3.1 Voraussetzungen und Ziele der Dokumentation

Eines der Ziele der Dokumentation von Projektaktivitäten in dieser Veröffentlichung war, ein wirklichkeitsnahes Bild des ehrenamtlichen Engagements zur Integration Geflüchteter innerhalb des Aktionsbündnisses „Gemeinsam für Flüchtlinge" zu geben. Auf keinen Fall sollte eine beschönigende Darstellung Probleme verschweigen oder herunterspielen. Etwa fünf der insgesamt 54 dokumentierten Projekte hatten mit erheblichen Schwierigkeiten zu kämpfen, einige mussten abgebrochen werden. Die Gründe dafür sind komplexer Natur und lassen sich nicht auf einzelne Faktoren reduzieren. Sie sind zum Teil nicht veränderbaren regionalen Umständen geschuldet, zum Teil auch übersteigerten Erwartungen und idealistischen Planungsansätzen, die sich nicht realisieren ließen; mangelnde Mitwirkung seitens der Flüchtlinge, hemmende Traumata sowie schwer korrigierbare Vorurteile spielten ebenfalls eine Rolle. Es liegt wohl in der Natur der Sache, dass alle Projekte mit problematischen Konstellationen konfrontiert waren. Die meisten konnten aber mit nachhaltigem Erfolg bearbeitet werden, verbunden mit Lernprozessen auf allen Seiten. Dazu muss gesagt werden, dass das immer auch Problematische der Arbeit mit Flüchtlingen keineswegs ein Hindernis für tiefere Beziehungen und Freundschaften darstellte; im Gegenteil, es schweißte Menschen eher zusammen – im Bewältigen konkreter Aufgaben, im Überwinden von Widerständen und im Erreichen der gesteckten Ziele.

Die Arbeit mit politisch Verfolgten und Geflüchteten ist eine äußerst sensible Angelegenheit: hinsichtlich der Anerkennung eines Asylstatus oder der Erteilung einer wie auch immer befristeten Aufenthaltsgenehmigung mit möglicher Arbeitserlaubnis sowie der dafür erforderlichen Nachweise zu Herkunft, Identität und Fluchtgründen. Dazu kommen nicht immer eindeutige Gesetzeslagen im nationalen, europäischen oder dem übergeordneten völkerrechtlichen Rahmen, die die Integrationsaussichten Betroffener schmälern oder erweitern können, rechtsstaatlich einklagbare Ausnahmeregelungen sowie schließlich Alternativen wie das Kirchenasyl, die rechtliche Grenzen überschreiten. Dass mit sensiblen Informationen bei asylrechtlichen Entscheidungsprozessen vorsichtig umgegangen wird, ist daher über die geltenden Regeln des Datenschutzes hinaus als besondere Schutzmaßnahme gegenüber den betroffenen Personen unerlässlich.

Es geschieht immer wieder, dass Projektverantwortlichen auch ungefragt Informationen zugetragen werden, die nicht unbedingt für die Öffentlichkeit bestimmt sind. Die Ehrenamtlichen werden dadurch manchmal zu Geheimnisträgern und befinden sich dann in dem moralischen Konflikt, ob Informationen zurückgehalten werden sollen oder nicht. Auf der einen Seite will man nicht den Moralapostel spielen oder Menschen an zuständige Behörden ausliefern; andererseits will man auch nicht soziale Ungerechtigkeiten zementieren. Dazu als Beispiel folgender

Ausnahmefall: Über eine Familie mit anerkanntem Flüchtlingsstatus, die Hartz IV bezieht und eine Sozialwohnung finanziert bekommt, wurde in Erfahrung gebracht, dass sie über erhebliche finanzielle Ressourcen verfügt und ohne Weiteres für sich selbst aufkommen könnte. Geheimnisträger zu sein, kann in manchen Fällen Rechtsbeistand erforderlich machen, besonders wenn es um das Aufdecken oder die Vereitelung von Straftaten geht. Dies jedenfalls stellte in den geschilderten Projekterfahrungen die große Ausnahme dar.

Ehrenamtliche haben es zuweilen mit außerordentlich schwierigen Lebensumständen Geflüchteter zu tun, die Verschwiegenheit gebieten. Nicht selten sind familiäre Gewalterfahrungen Bestandteil der Projektarbeit: Frauen sind vor ihren handgreiflich gewordenen Ehemännern auf der Flucht oder bereits erwachsene Töchter müssen sich vor ihren Eltern verstecken, um traditionellen Verpflichtungen wie einer arrangierten Heirat mit einem unbekannten oder unerwünschten Mann zu entkommen. Aus den genannten Gründen der Rechtssicherheit und des Datenschutzes werden im Folgenden, was Ort, Name und Umstände angeht, nur Einzelheiten genannt, die entweder nicht identifizierbar oder aber öffentlich bekannt und zugänglich sind beziehungsweise die für die Herausgabe autorisiert wurden.

Menschen auf der Flucht sind verunsichert. Sie sehen sich verschiedenen Einflüssen ausgesetzt, die zum einen die Erhaltung von Herkunftstraditionen begünstigen, zum anderen aber auch die Emanzipation davon verständlich erscheinen lassen. Zum patriarchalen Kontrollverlust kommt eine neue Willensstärke derer, die sich bislang unterzuordnen hatten. Nunmehr streben sie danach, die neuen Möglichkeiten und Freiheiten nicht nur zu entdecken, sondern auch zu verinnerlichen und zu nutzen. Insbesondere im Kontext des Islam neigt die Herkunftskultur zur Kollektivverpflichtung, was sich mitunter schlecht mit den freiheitlichen Individualrechten demokratischer Rahmenordnung vereinbaren lässt. Jedenfalls erscheint es für sozialtherapeutische Fallinterventionen ratsam, sich in problematische Familienkonstellationen ergebnisoffen und in der Achtung vor Fremdkulturen einzufühlen, ohne dabei aber Rechtsstaatlichkeit oder universale Menschenrechtsstandards aufzugeben. Schließlich müssen die mitunter traumatisierenden Erfahrungen im Herkunftsland und auf der Flucht sowie darauf fokussierte Verarbeitungsmechanismen berücksichtigt werden. Im Aufnahmeland mit seiner vollkommen anderen Kultur und seinen leistungsorientierten Anforderungen zurechtzukommen, erzeugt bei den geflüchteten Menschen starke Verunsicherung und provoziert oft einen Rückzug in die vermeintliche Sicherheit von Alttraditionen.

Des Weiteren soll auch erwähnt werden, dass Ehrenamtliche und Projektverantwortliche ebenfalls einen besonderen Schutz ihrer Persönlichkeitsrechte benötigen. So wurden zwei Fälle bekannt, in denen ehrenamtlich tätige Frauen unter Beibehaltung einer lebensweltlich offenen Kommunikationskultur ihren wertvollen Einsatz mit übler Nachrede heimgezahlt bekommen hatten. In beiden Fällen konnte der Sachverhalt durch sensible Gespräche geklärt werden. Es wäre müßig und würde dem Ganzen zu viel Bedeutung beimessen, tiefergehende Analysen über Ursachen und Absichten des Fehlverhaltens anstellen zu wollen. Divergierende kulturelle

Wahrnehmungen, der Neidfaktor, Wichtigtuerei oder auch das mitunter aufkommende Bösartige schlechthin mögen dafür ausschlaggebende Faktoren gewesen sein. Die Stärke der betroffenen Frauen wiederum lag gerade darin, dass sie trotz des erlittenen Unrechts ihren Einsatz für Geflüchtete in keiner Weise einschränkten.

Auch ganz unabhängig von diesen negativen Begleitumständen erweist sich die Integration von Geflüchteten als große Herausforderung. Abgesehen von einigen „Überfliegern", die im Handumdrehen Deutsch lernen, ohne große Verzögerung an ihre bildungsspezifischen Kenntnisse oder beruflichen Kompetenzen anknüpfen können, einen Studien- oder Praktikumsplatz organisiert oder eine Stelle angeboten bekommen, tun sich viele Geflüchtete schwer mit dem Erlernen der deutschen Sprache, mit nachholender Bildung und sogar mit den einfachen Anforderungen einer europäischen Alltagswelt wie Pünktlichkeit oder Achtung der Gleichwertigkeit der Geschlechter. Genau diese Defizite in der integrativen Anpassung bekommt die damit befasste Zivilgesellschaft stärker zu spüren als die darüberstehenden politischen Verwaltungseinheiten. Auf jeden Fall hat sich herausgestellt, dass die soziale und berufliche Integration von Geflüchteten viel Geduld erfordert und besonders dort einen nachhaltigen Einsatz verlangt, wo es entgegen allen Erwartungen nicht so funktioniert, wie erhofft.

Aus den Berichten der Ehrenamtlichen wird deutlich, dass besonders Flüchtlinge mit einem schwachen Bildungshintergrund sehr ungeübt im Erlernen einer anderen Sprache sind, womit gelegentlich auch mangelnde Motivation einhergeht, die sich in unregelmäßiger Teilnahme am Unterricht widerspiegelt. Dies löst natürlich Frustrationen bei den Anbietern aus. Der Mangel an Motivation kann unterschiedlich begründet sein; meist handelt es sich um eine Mischung aus traumatischen Fluchterfahrungen, Ungewissheit über die Situation im Herkunftsland, Heimweh, Unwägbarkeiten des Bleiberechts, vermeintlichen oder realen Anfeindungen aus der Mehrheitsgesellschaft und persönlichen Einstellungen zur Leistungsbereitschaft. Diese Faktoren als fortwährendes Verhinderungspotenzial erfordern zusätzliche Anstrengungen in der Qualifizierung der pädagogischen Angebote des zivilgesellschaftlich organisierten Ehrenamts. Spracherwerb bedeutet nicht nur Vokabeln lernen, Grammatik einüben und kommunikative Kompetenz erlangen, sondern auch, sich neue Verhaltensweisen und Lebensstile anzueignen, kulturelle Einblicke zu haben und diese zu verinnerlichen. Jedenfalls hat ein Jugendlicher, der ohne wesentliche Vorbildung in seinem Herkunftsland nun hierzulande unter größter Anstrengung und Überwindung aller möglichen Hindernisse seinen Hauptschulabschluss schafft und danach halbwegs erfolgreich eine handwerkliche Lehre absolviert, sicherlich eine größere Integrationsleistung erbracht als ein Akademiker, der sich mit zertifiziertem und anerkanntem Abschluss fast mühelos in die Standards der neuen Arbeitswelt einfinden kann.

Aus dem Vorangegangenen wird ersichtlich, dass die ehrenamtlich Tätigen bisweilen an mehreren Fronten zu kämpfen haben: gegen integrationsvereitelnde politische Vorgaben, gegen integrationskritische Anteile der Mehrheitsgesellschaft und auch gegen manche integrationsunwillige Geflüchtete; daher sind sie manchmal geneigt oder sehen sich gar genötigt aufzugeben. Allerdings ist Nachhaltigkeit des Engagements gefragt, das neben einer Erhöhung seiner quantitativen Angebote auch mit einer Erweiterung seiner qualitativen Merkmale zu punkten vermag und in der Lage ist, auch innovative Alternativen ins Spiel zu bringen. Während die Politik Geflüchtete nach funktionalen Parametern verwaltet und sich in der Regel nicht um Einzelschicksale kümmert, arbeitet die Zivilgesellschaft mit eben diesen betroffenen Mitmenschen auf einer persönlichen Ebene, die sie manchen daran Beteiligten ans Herz wachsen lässt und für deren Sicherheit und Lebensqualität existenzielle Sorge getragen und Verantwortung übernommen wird. Vor allem geht Nachhaltigkeit gegen alle Widerstände in der Erfahrung auf, dass – auch unabhängig vom Erfolg von Interventionen – Flüchtlingsarbeit wirkliche zwischenmenschliche Begegnungen, zuweilen sogar tiefe und dauerhafte Freundschaften ermöglicht.

3.2 Überblick über Aktivitäten und Ergebnisse/Wirkungen der Projekte mit Geflüchteten

Zum Aktionsbündnis „Gemeinsam für Flüchtlinge" zählen deutschlandweit derzeit (Stand November 2019) insgesamt 80 abgeschlossene Projekte (davon 22 Folgeprojekte), in denen sich etwa 500 Ehrenamtliche für annähernd 5.000 Geflüchtete engagieren. Dies geschieht überwiegend in Sprachkursen, in der Hausaufgaben- und Kinderbetreuung, in verschiedenen Begegnungs- und Gemeinschaftsformaten, in der Freizeitgestaltung, der Beschaffung von Ausbildungs- und Arbeitsplätzen sowie in Lotsendiensten, der Unterstützung bei Behördengängen und der Organisation von Rechtsbeiständen. Weitere Informationen zum Aktionsbündnis und Projektbeschreibungen mit Fotos sind, mit dem Hinweis, dass alle Vorgaben der Datenschutzverordnung (DSVO) der Freikirche in Deutschland in gleicher Weise auch für die Projektgruppen gelten, unter http://www.gemeinsamfürflüchtlinge.de zu finden.

Die folgende Dokumentation der 54 Projekte mit Abschluss vom 31. 12. 2018[1] wurde aus der gelieferten Projektdokumentation (Projekttagebuch, Zwischenberichte und Abschlussbericht), aus der Kommunikation mit Projektverantwortlichen und aus Projektevaluierungen erschlossen. Obwohl das Ziel all dieser Aktivitäten das gleiche ist, nämlich einen sinnvollen Beitrag für die soziale, wirtschaftliche und kulturelle Integration von Geflüchteten in die deutsche Mehrheitsgesellschaft zu leisten, sind die bedürfnisrelevanten Arbeitsansätze und die auf den jeweiligen Kompetenzen der Ehrenamtlichen aufgebauten Interventionsangebote durchaus verschieden. Selbst bei ähnlich gestalteten Projektformen – wie zum Beispiel Begegnungscafés, die eine „kulinarische Kontaktaufnahme" mit breitgefächerten Angeboten der Integrationsförderung verbinden – hat doch jedes

1 In diesem Zeitrahmen wurden 62 Projekte beantragt, 61 genehmigt und drei in der Anfangsphase ohne Projektdokumentation abgebrochen. Weiterhin wurden vier Projekte mit getrennt berichteten und abgerechneten Aktivitäten, aber gleichbleibendem Projektmanagement zusammengeführt.

Projekt seine eigenen charakteristischen Merkmale. So ist es ein Anliegen dieser Dokumentation, über die einheitliche Zielsetzung hinaus jene besonderen Kennzeichen herauszuarbeiten. Wir hoffen, dass dies bei aller Treue zum Detail gelungen ist. Im Folgenden werden die Projekte mit ihrem jeweiligen Titel nach Orten alphabetisch aufgelistet, versehen mit einer Kurzbeschreibung der Aktivitäten samt ihren Ergebnissen und Wirkungen.

Auf die genaue Bezeichnung der Herkunft sowie die Anzahl der in den Projekten untergekommenen Geflüchteten wurde in der folgenden Auflistung verzichtet, da es zu bedeutungslosen Wiederholungen gekommen wäre; außerdem hätte eine genaue Zuordnung und Zählung direkter und indirekter Nutznießer nicht immer geleistet werden können. Im Durchschnitt lässt sich ein Varianzen berücksichtigender Mittelwert von etwa 50 Geflüchteten pro Projekt veranschlagen, die unmittelbar in Projektaktivitäten eingebunden waren, und zusätzlich jeweils weitere 50, die mittelbar betroffen sein konnten.[2] Politisch Verfolgte und Flüchtlinge in den dokumentierten Projekten kamen, in abnehmender Reihenfolge ihres Anteils, überwiegend aus Syrien, Afghanistan, Eritrea, Iran, Irak, Kosovo, Sudan, Äthiopien, Albanien, Ukraine, Armenien, Tschetschenien, Türkei, Ghana, Pakistan, Palästina, Indien, Mazedonien, Nigeria, Elfenbeinküste, Togo, Gambia, China, Aserbaidschan, Somalia, Kasachstan, Georgien, Algerien, Mali und Libanon. Die meisten sprachen herkunftsgemäß arabisch und zu geringeren Anteilen Farsi neben anderen landestypischen Nationalsprachen. Auf die Religionszugehörigkeit bezogen, dominierten Sunniten und Schiiten, gefolgt von orthodoxen, assyrischen und anderen christlichen Glaubensgemeinschaften sowie Jesiden. Zu Beginn des Flüchtlingszustroms kamen mehr Männer, denen ihre Frauen und Kinder im Rahmen des Familiennachzugs zum Teil folgen konnten. Auch unbegleitete minderjährige Flüchtlinge bildeten die Klientel von Projektaktivitäten.

Ort: Alsbach-Hähnlein
Projektname: Förderung der Schulkinder von Geflüchteten/Ferienfahrt mit Flüchtlingskindern (zusammen mit Darmstadt und Mainz)
Tätigkeiten: Intensive Nachhilfe in Mathematik, Deutsch, Englisch, Erdkunde und Geschichte; Bereitstellung von Lernmitteln, Lern-CDs und Hörspielkassetten; Besuche bei betreuten Familien; Organisation von Begegnungs-, Grill- und

2 Das Projekt in Böblingen (*Willkommenstreff und Konversationstraining für Flüchtlinge*) weist eine signifikant höhere Anzahl als den Mittelwert auf. Aus dem Abschlussbericht des Projekts: „Insgesamt haben uns weit über 200 Flüchtlinge aus Syrien, Eritrea, Iran, Irak, Afghanistan, Gambia, Nigeria, Nordkorea, Ghana, China, Togo, Kamerun, den Philippinen und der Türkei besucht. Der Anteil an alleinstehenden Männern (Christen) aus Eritrea war anfangs besonders hoch. Nach einem Jahr gab es jedoch eine starke Tendenz hin zu Familien mit Kindern aus Syrien und Afghanistan, alleinerziehenden Frauen aus Afrika (Gambia, Nigeria) und zum Schluss einigen Familien aus der Türkei. In der Regel besuchen uns jetzt 80 % Frauen mit Kindern und der Anteil von Christen und Muslimen ist 50 : 50." – Das Fahrradwerkstattprojekt in Bad Homburg lieferte insgesamt 488 Fahrräder an Geflüchtete.

Spielefesten; Besuche von Museen und des Frankfurter Zoos; Organisation und Durchführung einer Ferienfreizeit.
Ergebnisse/Wirkungen: Die Verbesserung der schulischen Leistungen führte zum Schulerfolg. Ein familiäres Gemeinschaftsgefühl des Dazugehörens wurde entwickelt und der deutschen Kultur wurde aufgeschlossener begegnet. Auf der Ferienfreizeit lernten die Kinder deutsches Essen und deutsche Umgangsformen kennen und, bei Provokationen mit aggressiv auftretenden anderen Gruppen defensiv zu reagieren, gelassener zu sein und Toleranz zu üben.

Ort: Bad Honnef
Projektname: Café International
Tätigkeiten: Verköstigung Geflüchteter und Einheimischer; Kinderbetreuung; persönliche Unterstützung bei Behördengängen; Begleitung zum Jobcenter, zu Ämtern, Kliniken und Ausbildungsstätten; Hilfestellung bei Schul- und Kindergartenanmeldung; Einrichtung von Patenschaften und privaten Deutschkursen.
Ergebnisse/Wirkungen: Aus einem Ort des Kennenlernens und Austausches zwischen Geflüchteten und Einheimischen erwuchsen nachhaltige Integrationshilfen und Unterstützungsleistungen. Die Komplexität der Anforderung, einer hohen Anzahl von Geflüchteten mit ihren Bedürfnissen gerecht zu werden, erforderte einen Zusammenschluss mit anderen Kirchen, Organisationen und Ämtern.

Ort: Bad Honnef
Projektname: Fahrradwerkstatt für Flüchtlinge
Tätigkeiten: Organisation einer Fahrradwerkstatt exklusiv für Geflüchtete; Annahmestelle für gespendete Fahrräder; Reparatur und Weitergabe von Fahrrädern an Geflüchtete; Anlernen von Geflüchteten in der Reparaturwerkstatt.
Ergebnisse/Wirkungen: Alle Flüchtlinge, die im Zeitraum vom 01. 02. 2016 bis zum 30. 09. 2017 im Umfeld von Bad Honnef ein Fahrrad benötigten, wurden mit einem funktionierenden Rad versorgt. Insgesamt wurden 488 Fahrräder vergeben, davon etwa 30 % an Kinder und 25 % an Frauen.

Ort: Bensheim-Auerbach
Projektname: Begleitung Bensheimer Asylanten
Tätigkeiten: Durchführung von Deutschkursen; Organisation von Hallenfußball, Pfadfinderlager, Kochabenden, Frauentreffen, Ausflügen und Gemeindefreizeiten; Symposium über Islam und Christentum; Sammeln und Verteilen von Sachspenden; Unterstützung bei der Wohnungssuche und Behördengängen; Vermittlung von Arbeitsplätzen.
Ergebnisse/Wirkungen: Der interreligiöse Dialog wurde gefördert. Mit Arbeitsaufnahme wurden Familien zur finanziellen Selbständigkeit geführt. Ein wesentlicher Beitrag konnte unter anderem mit einer Intensivbetreuung für die Integration von vier syrischen Familien geleistet werden.
Ort: Berlin-Pankow
Projektname: Gemeinsam kreativ sein

Tätigkeiten: Für Flüchtlingskinder einer Gemeinschaftsunterkunft wurden Malaktionen mit verschiedenen Techniken unter Anleitung von Künstlern durchgeführt und die künstlerischen Ergebnisse im Rahmen einer Vernissage der Öffentlichkeit vorgestellt; Organisation von Bastelständen bei interkulturellen Familiennachmittagen; Durchführung eines Perlenworkshops; Realisierung eines Kinder-Musicals; Wochenfreizeit; Mitgestaltung von Besichtigungen des Filmparks Babelsberg, der Gärten der Welt, des Deutschen Bundestags und von Museen und Betrieben.
Ergebnisse/Wirkungen: Die Begegnung und die gemeinsamen künstlerischen Aktivitäten von Berliner Kindern und den Kindern von Geflüchteten bauten Berührungsängste ab, förderten kreatives Potenzial und schufen wertvolle Gemeinschaftserlebnisse. Exkursionen haben Geflüchteten die deutsche Kultur nähergebracht.

Ort: Berlin-Pankow
Projektname: Gemeinsames Kochen und Backen
Tätigkeiten: Frauen aus unterschiedlichen Kulturkreisen kochen, backen und essen zusammen, experimentieren mit internationaler Cuisine, lernen sich kennen und werden miteinander vertraut.
Ergebnisse/Wirkungen: Flüchtlingsfrauen sind oftmals verängstigt und schüchtern und verlassen ihre Gemeinschaftsunterkunft nur selten. Mit Hilfe des gemeinsamen Kochens, Backens und Essens kamen Frauen und Kinder verschiedener Ethnien und Religionen zusammen, die ansonsten nicht miteinander in Kontakt gekommen wären. Allerdings scheiterte das Projekt aufgrund religiöser Vorbehalte der Frauen untereinander.

Ort: Berlin-Spandau
Projektname: Flüchtlingshilfe mit Herz und Hand
Tätigkeiten: Lebensmittelvergabe
Ergebnisse/Wirkungen: Die Lebensmittelausgabe für Hilfsbedürftige, die die Adventgemeinde Berlin-Spandau seit 20 Jahren betreibt, wurde auf Flüchtlinge erweitert. Die anfänglich gespannte Stimmung unter den einheimischen Bedürftigen, die befürchteten, weniger zu bekommen, hat sich mittlerweile gelegt und in ein friedliches Miteinander gewandelt.

Ort: Berlin-Zehlendorf (Krankenhaus Waldfriede)
Projektname: Begegnungscafé mit Flüchtlingen
Tätigkeiten: Verteilung von Gütern des täglichen Bedarfs anhand von Bedarfslisten aus Notunterkünften; gemeinsames Kochen, Basteln und Spielen; Angebot von Deutschkursen; Hausaufgabenbetreuung und Nachhilfe; Organisation von Ausflügen und Freizeitaktivitäten; Hilfestellung bei Behördengängen, Wohnungssuche, Ausbildung und Arbeitsfindung; Besuch eines Fußballspiels bei Hertha BSC.
Ergebnisse/Wirkungen: Das Begegnungscafé auf dem Gelände des Krankenhauses Waldfriede avancierte zu einem beliebten Treffpunkt für Deutsche und vornehm-

lich syrische Flüchtlinge zwecks Kontaktaufnahme und der Vermittlung von Unterstützungsmaßnahmen. Zu den langfristigen und positiven Auswirkungen des Begegnungscafés gehören zusammen mit den erfolgreich erbrachten Integrationsleistungen die entstandenen Freundschaften zwischen den geflüchteten Familien und den Ehrenamtlichen. Hausbesuche, Telefonkontakte und Problemberatung finden weiterhin statt.

Ort: Berlin-Zehlendorf (Krankenhaus Waldfriede)
Projektname: „Gesund in Berlin" – Gesundheitskurse für Geflüchtete
Tätigkeiten: Durchführung von Seminaren für Geflüchtete in arabischer Sprache über das deutsche Gesundheitsversorgungssystem, über psychische Gesundheit (Traumatisierung) und über Zahnheilkunde auf dem Gelände des Krankenhauses Waldfriede.
Ergebnisse/Wirkungen: Zur Sensibilisierung für die eigene physische und psychische gesundheitliche Situation wurden wichtige und relevante Krankheitsbilder erklärt und mit Präsentationen veranschaulicht. Zur Vertiefung wurde Informationsmaterial in arabischer Sprache verteilt. Die muttersprachliche Vermittlung konnte das Verständnis für das deutsche Gesundheitssystem verbessern und Ängste im Umgang mit Ärzten abbauen.

Ort: Böblingen
Projektname: Kindertreff für Flüchtlinge
Tätigkeiten: Gemeinsame Freizeitgestaltung in sicherer Umgebung mit fester Struktur im Programmablauf: Singen von Bewegungsliedern, Gruppen- und Gesellschaftsspiele und inhaltlich vorbereitete Kreativangebote; altersgerechtes kreatives Basteln und Malen zu bestimmten Themenfeldern, wie zum Bespiel das Basteln von Papptellermasken zum Thema Fasching und Clowns oder das Kennenlernen und Mischen von Farben (Wasserfarben, Acrylfarben etc.) auf Leinwand zum Thema Farben. In einer gemeinsamen Pause wurde gegessen, getrunken und sich über die Woche oder das Thema ausgetauscht. Über den Zeitraum von Anfang 2016 bis Ende 2018 wurden mehr als 100 Themenabende angeboten und durchgeführt.
Ergebnisse/Wirkungen: Durch Spiele, gemeinsames Singen und das Erlernen formaler Umgangsformen innerhalb einer Gruppe wurden integrative Gemeinschaftserlebnisse gefördert. Im Zusammenhang von aufbereiteten Themenbereichen aus dem Alltag, der Natur und der Kultur wurde die Konzentrationsfähigkeit gestärkt und die Feinmotorik beim Basteln und Malen kreativ weiterentwickelt. Im ungezwungenen und vertrauensvollen Umgang wurden konkrete Bedarfslagen erkannt, mit Hilfsangeboten wurde darauf eingegangen.

Ort: Böblingen
Projektname: Willkommenstreff und Konversationstraining für Flüchtlinge
Tätigkeiten: Bei den wöchentlichen Zusammenkünften wurden Gesprächsrunden für relevante Themenfelder zur Einübung und Nutzung der deutschen Sprache

gebildet, zum Beispiel: Wir erstellen einen Lebenslauf, wir füllen Formulare aus, wir geben bei der Agentur für Arbeit Berufswünsche an, wir gehen zum Arzt, wir haben einen Behördentermin, wir kaufen ein, wir lesen die Böblinger Kreiszeitung; Frauenkreis; Kreis für Technikinteressierte mit Anschauungsmaterialien; Spielkreis zum Thema „Fragen zu Deutschland“ – Vorbereitungsspiel mit Fragen zur B1-Prüfung und dergleichen mehr.
Ergebnisse/Wirkungen: Die Teilnehmer und Teilnehmerinnen können sich selbständig verständigen und sind auf keine Übersetzung mehr angewiesen. Die Erweiterung von Sprachkompetenzen wurde gezielt auf die Meisterung von Handlungskontexten bezogen, sodass lebensweltlichen Anforderungen mit eingespielt gesicherten Verhaltensweisen entsprochen werden konnte. Neben der Sprache waren es persönliche Beziehungen und Freundschaften, die Integration wesentlich förderten. Patenschaften wurden gebildet. Fortschrittlich integrierte Geflüchtete wurden zu Multiplikatoren und halfen bei der Eingliederung von Neuankömmlingen.

Ort: Burgdorf
Projektname: Kulturkreis
Tätigkeiten: Einrichtung einer kulturübergreifenden Begegnungsstätte zwischen Geflüchteten und Einheimischen; kreative Nachmittagsangebote unter Anleitung einer Kunsttherapeutin; Literaturabend; Bibel-/Korankreis; Deutschunterricht; gemeinsames Kochen und Essen; Freizeitveranstaltungen zum Kennenlernen der neuen Heimat; Organisation eines großen Sommerfestes; Vermittlung von Praktika, Ausbildungs- und Arbeitsplätzen.
Ergebnisse/Wirkungen: Ein soziales Netzwerk konnte aufgebaut werden, auch unter Mitgestaltung anderer Kirchen, zivilgesellschaftlicher Träger und von Behörden. Integrierte Geflüchtete engagieren sich bei der Organisation kultureller Veranstaltungen und führen Neuankömmlinge zur Vorbeugung vor Vereinsamung und für nachhaltige Hilfestellungen zur Integration ein.

Ort: Chemnitz
Projektname: Lego-Projekt
Tätigkeiten: Mit Lego-Bausteinen werden Bau- und Kunstwerke erstellt.
Ergebnisse/Wirkungen: Das gemeinsame Basteln mit hochwertigen Lego-Bausteinen erfüllt eine „Brückenfunktion“ und verbindet Menschen unterschiedlicher Herkunft, Generationen und Kulturen. Die sinnvoll und kreativ aufbereitete Freizeitbeschäftigung bietet verschiedene Lernerfahrungen, zum Beispiel der Kommunikation und Sprachentwicklung, der Einübung motorischer Fähigkeiten und der Wertevermittlung wie Teamfähigkeit.

Ort: Darmstadt
Projektname: Ferienprogramm für Flüchtlingskinder
Tätigkeiten: Organisation von Fußballspielen, Tagesausflügen, Besuchen von Museen, Gärten und Tierparks sowie Sommerfreizeiten für Kinder.

Ergebnisse/Wirkungen: Ursprüngliche Unsicherheiten hinsichtlich des Lebens außerhalb der Wohnsiedlung wurden mit einer Vielfalt von kulturellen, sportlichen und unterhaltenden Angeboten abgebaut. Kinder, Jugendliche und Erwachsene entdeckten neue Möglichkeiten, ihre Freizeit (sinnvoll) zu gestalten und zu verbringen. Lernerfahrungen über die Kultur und Geschichte des Landes haben den eigenen Alltag in diesem Land gefestigt.

Ort: Darmstadt
Projektname: Fußball verbindet
Tätigkeiten: Mehrmals in der Woche Fußball spielen mit Geflüchteten in einer Sporthalle.
Ergebnisse/Wirkungen: Der Spaß am Fußball stand im Vordergrund. Das gemeinsame Spiel verbindet und fördert die Integration. Zwischen einigen Fußballspielern sind weitere Kontakte und Unterstützungsaktionen entstanden, zum Beispiel für Wohnungssuche und für die Versorgung mit gebrauchten Wohnungseinrichtungen. Einige Flüchtlinge pflegen weiteren Kontakt zur örtlichen Kirchengemeinde. So sind Beziehungen über die Grenzen der Kulturen hinaus entstanden.

Ort: Darmstadt
Projektname: Musik verbindet
Tätigkeiten: Abendkonzerte für Geflüchtete; mit Hilfe klassischer Musik wurde versucht, Gemeinsamkeiten zu finden.
Ergebnisse/Wirkungen: Das Projekt blieb ein Versuch und musste vorzeitig abgebrochen werden. Die angebotene Instrumentalmusik (Klavier, Geige und moderne Gitarre) kam bei den Bewohnern der Siedlung, in der das Projekt stattfand, nicht an. Das Fehlen einer erwarteten „Musikkultur" wurde während der Konzerte deutlich, die bezüglich der Disziplin der Besucher ziemlich chaotisch verliefen (lautes Reden, Lachen und Telefonieren).

Ort: Eberbach
Projektname: Sprachförderung für Asylantenkinder
Tätigkeiten: Sprachförderung von Kleingruppen mit unterschiedlichem Level (Analphabeten, Sprachanfänger und solche, die bereits die 6.–8. Klasse der Regelschule besuchten); Vermittlung von Ausbildungsplätzen für Schulabgänger.
Ergebnisse/Wirkungen: Kinder konnten durch ergänzenden Sprachunterricht gute Fortschritte in der Schule machen. Über die gesamte Projektlaufzeit nahmen insgesamt 120 Kinder aus 49 Flüchtlingsfamilien teil. Erfolgreiche Vermittlung von Ausbildungsplätzen auch für ehemals bildungsferne Kandidaten.

Ort: Ebersbach-Neugersdorf
Projektname: Auf Augenhöhe
Tätigkeiten: Mittwochs-Begegnungscafé; „Küche für alle" – gemeinsames Kochen und Essen; Freizeitgestaltungen, Geländespiele, Geburtstagfeiern; Fahrradausflüge, Schwimmen; Hausaufgabenbetreuung und Nachhilfe; Behördengänge.

Ergebnisse/Wirkungen: Durch gemeinsame Aktivitäten entstanden ein Gefühl des Vertrauens und der Zugehörigkeit sowie gegenseitiger Respekt und Akzeptanz. Mit der Zeit wurden Freundschaften gebildet und gelebt. Jede Flüchtlingsfamilie im Projekt bekam eine Patenschaft aus der deutschen Bevölkerung. Die Geflüchteten sind Teil des alltäglichen Lebens geworden, mit allen dazugehörigen Festen und Höhepunkten.

Ort: Freudenstadt
Projektname: Mahlzeit
Tätigkeiten: Kochen mit und Bewirtung von Flüchtlingen und Bedürftigen; Spiele und Bastelgruppe für Flüchtlingskinder; Hilfe bei Behördengängen.
Ergebnisse/Wirkungen: Durch viele persönliche Gespräche über Fluchtursachen, Fluchterfahrungen und die gegenwärtige neue Situation wurde ein mitunter inniges Vertrauensverhältnis aufgebaut. Die Hilfestellung beim Umgang mit Behörden konnte Hemmungen ab- und Vertrauen zu den Dienststellen aufbauen. Durch die Betreuung der Kinder war es möglich, deutsche Lebensweise und Kultur spielerisch zu vermitteln.

Ort: Friedensau (Theologische Hochschule)
Projektname: Abenteuer Integration – Jugendliche überwinden Grenzen gemeinsam
Tätigkeiten: Hochseilgarten, Teamparcours, sportliche Wettkämpfe.
Ergebnisse/Wirkungen: Durch erlebnispädagogische Aktivitäten wurden Vorurteile seitens deutscher Jugendlicher und Geflüchteter abgebaut. Reziproke Lernerfahrungen stärkten das Selbstvertrauen in interkulturellen Gruppen. Spielerisch wurde Kooperation statt Wettkampf eingeübt. Innere Spannungen wurden durch Abenteuer/Erlebnis als psychosoziales Ventil abgebaut.

Ort: Friedensau (Theologische Hochschule)
Projektname: Tolerant im Jerichower Land
Tätigkeiten: Organisation von Veranstaltungen der interkulturellen Begegnung und des interreligiösen Dialogs; Gruppen- und Geschicklichkeitsspiele im Teamparcours am Hochseilgarten; erlebnispädagogische Aktivitäten; Sportgruppen (Basketball, Volleyball, Fußball); gemeinsames Familienpicknick; Mädels-Nachmittag im Studentenzentrum; Studierende und Flüchtlinge kochen miteinander; Weihnachtssingen; Besuch der Autostadt Wolfsburg.
Ergebnisse/Wirkungen: Mit Öffentlichkeitsarbeit und pädagogischen Angeboten wurde der Mehrheitsgesellschaft eine positive Sichtweise auf Geflüchtete vermittelt. Gemeinsam durchgeführte Aktivitäten und Veranstaltungen haben Geflüchteten ihre Beheimatung in der Fremde angenehmer und menschenfreundlicher gemacht. Vor allem konnten sie Vertrauen in sozialen Beziehungen gewinnen. Dadurch wurde es möglich, auch über ansonsten ausgeklammerte Themenbereiche zu sprechen, wie über Ängste, über Religionen und deren Wahrheitsanspruch sowie über die Gleichberechtigung der Frau und ihre Freiheiten in einer aufgeklärten

Demokratie. Das Projekt wurde vornehmlich von Studierenden der Hochschule gemanagt (Service Learning).

Ort: Gifhorn
Projektname: Sprach- und Kochschule für Flüchtlinge
Tätigkeiten: Einrichtung einer Begegnungsstätte mit gemeinsamem Kochen und Essen zum Kennenlernen und zum Abbau von Vorurteilen; Deutschunterricht; Hilfestellung bei anstehenden Problemen (Kommunikation mit Behörden, medizinische Versorgung, Wohnungssuche).
Ergebnisse/Wirkungen: Mit der Schaffung einer angenehmen familiären Atmosphäre entstand Vertrauen und eine Öffnung für das Mitteilen und Bearbeiten auch persönlicher Probleme. Sogar kleinkriminelle Laufbahnen konnten thematisiert und korrigiert werden. Leider hatten die meisten afrikanischen Geflüchteten keine Bleibeperspektive, sodass in diesen Fällen keine nachhaltige Integration gefördert werden konnte. Zumindest ließ sich eine soziale Isolation während der Zeit ihres Aufenthaltes abmildern.

Ort: Göppingen
Projektname: Hope
Tätigkeiten: Einrichtung einer Begegnungsstätte zur Kontaktaufnahme, zur Problemkommunikation und Problembearbeitung und für die Planung und Durchführung gemeinsamer Aktivitäten: Fahrrad-Training; Freizeitgestaltung; Organisation von Tagesausflügen und Betriebsbesichtigungen; gemeinsames Basteln, Singen und Spielen; Vermittlung von Kleidern, Spielzeug und Fahrrädern.
Ergebnisse/Wirkungen: Der Flüchtlingsalltag wurde mit besonderen Freizeiterlebnissen und dem Besuch von Sehenswürdigkeiten aufgehellt. Die auf Problembearbeitung ausgerichtete Begegnungsstätte half Geflüchteten, sich über das Projekt hinaus sozial zu vernetzen und Freundschaften zu knüpfen. Geflüchtete bekamen Wohnungen vermittelt und Hilfestellung zu Ausbildung und Arbeitsaufnahme.

Ort: Hamm
Projektname: Café X-Change
Tätigkeiten: Inbetriebnahme eines Cafés zum regelmäßigen (wöchentlichen) Austausch mit Kinderbetreuung, anteilnehmende Problembearbeitung, Hilfe bei Deutschhausaufgaben und Behördenkorrespondenz; Organisation von Tagesausflügen, Freizeit- und Sportaktivitäten; Hausbesuche bei Flüchtlingsfamilien.
Ergebnisse/Wirkungen: Flüchtlinge wurden beraten und aktiv begleitet im Umgang mit Behörden, Vermietern und Telefongesellschaften. Mit nachhaltiger Motivation und besonders mit Unterstützung im Erlernen der deutschen Sprache legten sie Deutschprüfungen ab und holten Schulabschlüsse nach. Einige sind in der Ausbildung, andere haben Arbeit gefunden.

Ort: Hannover
Projektname: Ein Herz für (Flüchtlings-) Kinder
Tätigkeiten: Freizeitaktivitäten und Spielen mit Kindern (Ballspiele, Papierlauf, Seilspringen, Sackhüpfen, Handpuppenspiele, Kartoffellauf, Topfschlagen, Plumpsack, Dosenwerfen, Bowling, Fußball, Volleyball, Frisbee und dergleichen mehr).
Ergebnisse/Wirkungen: Das Sozialverhalten der Kinder verbesserte sich mit den spielerischen Aktivitäten, mit ihren Wiederholungen und dem Einfinden in Erwartungshandlungen zusehends. Mit dem Handpuppenspiel wurden in sich zurückgezogene Kinder besser erreicht. Sowohl mit den Kindern als auch mit den Eltern wurden Freundschaften geschlossen.

Ort: Hannover
Projektname: Erlebnis Sport
Tätigkeiten: Experimentieren mit verschiedenen Sportarten (Mannschaftssportarten, Ballsportarten, Outdoor- und Hallensportarten, Wasser- und Wintersport, Ausdauer- und Geschicklichkeitssport, Leichtathletik, Geräteturnen, Klettersport): Bowling, Trampolin, Bootspaddeltouren, Skisport, Hochseilgarten, Volleyball, Tischtennis, Billard, Fußball und dergleichen mehr.
Ergebnisse/Wirkungen: Die Jugendlichen konnten in verschiedenen Aktivitäten unterschiedliche Neigungen explorieren, Fähigkeiten zur Geltung bringen und ihre körperlichen und mentalen Kräfte stärken. Besonders im Teamspiel konnten Fairplay, konstruktiver Spielaufbau, Mut, Selbstvertrauen und emotionale Selbststeuerungsfähigkeiten auf hohem Niveau entfaltet werden. Im Projektverlauf haben sich die Jugendlichen zunehmend wahrgenommen und wertgeschätzt gefühlt.

Ort: Hannover
Projektname: Integrationsfahrt nach Berlin
Tätigkeiten: Gestaltung eines Wochenendes in der Hauptstadt
Ergebnisse/Wirkungen: Geflüchtete lernten Berlin kennen und den historischen Hintergrund dieser Stadt besser verstehen – mit dem Versuch, über Gespräche auch die deutsche Politik und politische Entscheidungsprozesse in Flüchtlingsangelegenheiten verständlich zu machen. Besonders intensiv war der Besuch der Ausstellung „Topographie des Terrors", bei dem ein syrischer Guide den dunklen Teil der deutschen Geschichte in der Muttersprache der Geflüchteten reflektierte.

Ort: Hannover
Projektname: LeseInsel Südstadt
Tätigkeiten: Organisation eines nachmittäglichen Hol-und-bring-Dienstes für deutschen Sprachunterricht und Lern- und Lesehilfen.
Ergebnisse/Wirkungen: Schulpflichtige Kinder aus Flüchtlingsfamilien lernten im Gruppen- und Einzelunterricht deutsch lesen und schreiben und verbesserten ihre schulischen Leistungen. Durch Einbezug gesellschaftlicher Aspekte in den Unterricht und unterstützt durch gemeinsame Unternehmungen wurde die deutsche Kultur nähergebracht und das Vertrauen in das Selbsthilfepotenzial gestärkt.

Ort: Heinsberg (Kreis)
Projektname: Nachbarschaftshilfe Kreis Heinsberg & Aachen
Tätigkeiten: Organisation von Begegnungs-, Koch- und Bewirtungstreffen zur Förderung des interkulturellen Verständnisses; Einrichtung eines Strick- und Häkelkurses; Lesekreis zur Verbesserung der Aussprache; Fahrradwerkstatt; Hilfe bei Arztbesuchen und Behördengängen; Sportveranstaltungen und Freizeitaktivitäten; Studienfahrt nach Berlin; Hilfe bei der Wohnungssuche und bei der Einrichtung neuer Wohnungen; bedürfnisrelevante Hausbesuche und dergleichen mehr.
Ergebnisse/Wirkungen: Durch persönliche Betreuung und Begleitung erhielten Geflüchtete praktische Hilfe für ihren Alltag und verbesserten ihre Zukunftsaussichten. Aus dem Projekt sind nachhaltige Vernetzungen und freundschaftliche Bindungen gelungener Integration entstanden. Die Studienfahrt nach Berlin mit einem Informationsvortrag im Plenarsaal des Bundestags und dem Besuch des Holocaust-Mahnmals erweiterte den Horizont der teilnehmenden Jugendlichen und sensibilisierte sie für die Geschichte des Nationalsozialismus.

Ort: Köln
Projektname: Soforthilfe, Teilhabe und Integration
Tätigkeiten: Persönlicher Beistand und materielle Erstausstattung für Schule und Kindergarten; finanzielle Unterstützung zur Befriedigung von Grundbedürfnissen; Organisation eines Wochenendausfluges und von Begegnungstreffen.
Ergebnisse/Wirkungen: Die Integration in Kindergarten und Schule wurde erleichtert. Aus den Begegnungen sind nachhaltige Beziehungen und Freundschaften entstanden.

Ort: Löhne
Projektname: Lernen – Lachen – Leben
Tätigkeiten: Deutschunterricht und Nachhilfe; Freizeitunternehmungen.
Ergebnisse/Wirkungen: Geflüchteten wurden neue Kontakte und Bekanntschaften ermöglicht, aus denen nachhaltige Freundschaften mit erweiterten Integrationsanstrengungen entstanden. Das gegenseitige Vertrauen wuchs, sodass Eltern auch ihre minderjährigen Kinder an den Unternehmungen teilnehmen ließen. Inzwischen sind im Betätigungsfeld die meisten nicht abgewiesenen Asylanten beruflich aktiv und versorgen sich selbst.

Ort: Ludwigsburg
Projektname: Sozialer Treffpunkt für Flüchtlinge
Tätigkeiten: Organisation von gemeinsamen Mittagessen, Lebensmittelausgaben, Ausflügen und Kinderkleidermärkten; Integration junger Geflüchteter in die Freizeitsportgruppe Fußball.
Ergebnisse/Wirkungen: Durch die gemeinsam zubereiteten Speisen entstand ein freundliches Miteinander, aus dem weitere bedürfnisorientierte Unterstützungsmaßnahmen und Freizeitaktivitäten resultierten.

Ort: Lüneburg
Projektname: F-Treff
Tätigkeiten: Wöchentliche Begegnungstreffen; Deutschunterricht; Lotsendienste für den Umgang mit Behörden; Unterstützung bei Familienzusammenführung; Vermittlung von Praktika, Ausbildungs- und Arbeitsplätzen; Hilfe bei der Wohnungssuche.
Ergebnisse/Wirkungen: Alle teilnehmenden Geflüchteten haben mit Unterstützung ihr Sprachzertifikat erreicht. Durch intensive Begleitung und Unterstützungsmaßnahmen wurde die Integration in die deutsche Lebens- und Arbeitswelt erleichtert.

Ort: Lüneburg
Projektname: Gegen Rassismus „WeSpeakMusic"
Tätigkeiten: Integration von Geflüchteten in einen Chor; Leitung einer interkulturellen Musikgruppe von Geflüchteten und Einheimischen; regelmäßiges Proben der Musiker; Management von Auftritten und Konzerten.
Ergebnisse/Wirkungen: In der Projektgruppe Lüneburg kommen 15 bis 25 geflüchtete und einheimische Musikerinnen und Musiker sowie Musikbegeisterte regelmäßig zusammen, um gemeinsam zu musizieren und zu singen. Die Musik hilft ihnen und den Zuhörenden bei der Überwindung politischer, religiöser und kultureller Hindernisse und ermöglicht die Teilhabe der Geflüchteten am gesellschaftlichen Leben. Die Konzerte werden mit in der Regel mehr als 200 Besucherinnen und Besuchern sehr gut angenommen.

Ort: Mainz
Projektname: Café Kontakt
Tätigkeiten: Regelmäßige Begegnungstreffen zur Kontaktaufnahme und zum Austausch; Unterstützung bei Behördengängen und Wohnungssuche; Hilfe bei der Aufgabenbewältigung des alltäglichen Lebens.
Ergebnisse/Wirkungen: Aus der persönlichen Anteilnahme an den Integrationsschwierigkeiten und Problemen Geflüchteter erwuchsen vielfältige Hilfsdienste. Neben den integrationsrelevanten Besorgungen waren Highlights unter anderem die „Refugees Welcome Party" und ein Begegnungstreffen mit einem internationalen Chor und 180 Gästen. Etwa 65 Teilnehmer des Café Kontakt konnten als Ordnungskräfte beim Fußballverein 1. FSV Mainz 05 vermittelt werden.

Ort: Neubrandenburg
Projektname: Sprachkurs/Begegnungscafé
Tätigkeiten: Sprachunterricht und Konversationsübungen (Vokabelspaziergänge) als Vorbereitung zur B1-Prüfung; sozialtherapeutische Betreuung abgelehnter und von Abschiebung bedrohter Asylbewerber; Vermittlung von Praktikums-, Ausbildungs- und Arbeitsplätzen.

Ergebnisse/Wirkungen: Mit dem Erlernen der deutschen Sprache und dem erfolgreichen Ablegen der B1-Sprachprüfung wurden die Voraussetzungen für eine schulische, weiterbildende und berufliche Integration geschaffen.

Ort: Nordhausen
Projektname: Deutsch für den Hausgebrauch
Tätigkeiten: Einrichtung einer Begegnungsstätte; Deutschkurs für Frauen mit Migrationshintergrund; Organisation von Halbtages- und Tagesausflügen für Familien zur Erkundung der neuen Heimat; Schwimmkurs für Frauen; Schwimmbadbesuch mit Sonderöffnungszeiten für Frauen.
Ergebnisse/Wirkungen: Durch das Angebot entwickelten Frauen eine starke Motivation, die deutsche Sprache zur Verbesserung ihrer Integration zu erlernen. Verschiedene Fahrten in Schwimmbäder der Region mit Sonderöffnungszeiten für Frauen festigten Fertigkeiten beim Schwimmen und das Selbstvertrauen beim Verhalten in öffentlichen Bädern.

Ort: Nürnberg
Projektname: Kinderbetreuung in der Flüchtlingsunterkunft
Tätigkeiten: Pädagogisch sinnvolle Freizeitgestaltung bei gleichzeitiger Entlastung der Eltern; Organisation von Spiel-, Bastel- und Malnachmittagen zum Kennenlernen, zum Vertrauensaufbau und zur themenzentrierten Wissensaneignung; Besuche eines Abenteuerspielplatzes; Sportaktivitäten.
Ergebnisse/Wirkungen: Durch die angeleiteten Gruppenaktivitäten entstanden unter den Kindern selbst und auch mit den sie Betreuenden als Bezugspersonen anschlussfähige Beziehungen und Bindungen. Kinder lernten Grenzen zu beachten und zu respektieren. Ihre Kommunikation in der deutschen Sprache verbesserte sich. Sie lernten spielerisch, an aufbereiteten Themenfeldern ihre Kreativität zu entfalten.

Ort: Reichenbach
Projektname: Stammtisch Initiative Reichenbach
Tätigkeiten: Bedürfnisorientierte Kontaktpflege; Vermittlung von Sachspenden; Deutschunterricht; Hilfsangebote für die Alltagsbewältigung; Unterstützung bei Behördengängen; Organisation von Sportaktivitäten in der Turnhalle.
Ergebnisse/Wirkungen: Verschiedene Aktivitäten trugen zu einer gelungenen Eingliederung in den Kindergarten und in die Schule bei. Infolge nachhaltigen Beziehungsaufbaus und erfolgter Unterstützungsleistungen zogen es einige Flüchtlingsfamilien vor, im ländlichen Umfeld zu bleiben und nicht in die Stadt abzuwandern.

Ort: Schneeberg
Projektname: Aufeinander zugehen
Tätigkeiten: Organisation von Ausflügen und Kindertagen; Bereitstellung einer Kleiderkammer; Deutschunterricht und Unterrichtshilfen.

Ergebnisse/Wirkungen: Relevante Unterstützung sowie Kindern Freude zu bereiten, war nur im Umfeld des Erstaufnahmelagers möglich. Durch den ständigen Wechsel der Flüchtlinge waren keine längerfristigen Kontakte möglich. Die ländliche Nachbarschaft von Schneeberg ist offensichtlich nicht sehr attraktiv. Die meisten wollen in Städte weiterziehen.

Ort: Schwedt
Projektname: Schutzhütte: Ressourcen spenden Lebenskraft
Tätigkeiten: Vermittlung von Kontakten und Kontaktpflege zwischen Einheimischen und Geflüchteten; Anleitung von Geflüchteten zu ehrenamtlichen Integrationslotsen; Unterstützung bei Behördengängen, Arztbesuchen und alltäglichen Besorgungen; Deutschunterricht; Versorgung mit Kleidern, Lebensmitteln und Möbeln.
Ergebnisse/Wirkungen: Durch intensive Kontaktpflege und partizipativ angeleitete Integrationsarbeit konnten Beratungskompetenzen unter den Geflüchteten gestärkt und Aufgaben auch gegen bürokratische Hindernisse gemeinsam geschultert werden. Die anvertrauten Unterstützungsmaßnahmen halfen bei der Entscheidung, in Schwedt zu bleiben und selbst Familienangehörige zu motivieren, nach Schwedt zu ziehen. Aus der Unterstützung zur Selbsthilfefähigkeit entstanden auch eigenständige Initiativen, zum Beispiel der Aufbau einer syrischen Theaterspielgruppe.

Ort: Schweinfurt
Projektname: Bunte Küche
Tätigkeiten: Organisation von gemeinsamem Kochen und Essen zur Kontaktaufnahme, bedürfnisorientierte Unterstützungsmaßnahmen und Freundschaftspflege; Organisation von Freizeitaktivitäten und Ausflug nach Nürnberg mit Stadtführung.
Ergebnisse/Wirkungen: Gegenseitiges Vertrauen wurde durch ein wiederholtes kulinarisches Beisammensein gestärkt. Gespräche mit tiefsinnigem Inhalt, zum Beispiel über die Bibel und den Koran, wurden möglich. Nachhaltige Freundschaften entstanden, die zu privaten Einladungen geführt haben. Hilfe kann nunmehr auch über einsatzwillige integrierte Asylanten organisiert werden, die immer zur Stelle sind.

Ort: Schweinfurt
Projektname: Familienhilfe
Tätigkeiten: Organisation und pädagogische Betreuung von Kinderspielgruppen, Pfadfinderwochenenden, Freizeit- und Sportaktivitäten; Malkurs im Kunstmuseum; Hallenbad mit Schwimmprüfung; Bootsfahrt; Talentshow.
Ergebnisse/Wirkungen: Gelungene Integration von Flüchtlingskindern in bestehende Pfadfinderarbeit. Der gruppenpädagogische Anschluss von einigen traumatisierten Kindern und Jugendlichen gestaltete sich mitunter schwierig. Ältere Pfadfinder zeigten sich hilfsbereit und es wurden Freundschaften geknüpft.

Ort: Schweinfurt
Projektname: Singen für Senioren
Tätigkeiten: Organisation eines Singkreises aus Flüchtlingskindern; regelmäßiges Üben; Aufführungen in Seniorenwohnheimen; Gitarrenunterricht.
Ergebnisse/Wirkungen: Flüchtlingskinder und deren Eltern brachten sich beim Einüben, Vorbereiten und Durchführen von Musikveranstaltungen engagiert ein. Die Artikulation der deutschen Sprache wurde wesentlich verbessert. Erfolgserlebnisse und Lob stärkten das Selbstbewusstsein. Flüchtlingskinder wurden den Seniorinnen und Senioren gegenüber aufgeschlossener, ältere Deutsche bauten ihre Vorurteile ab.

Ort: Sonneberg
Projektname: Flüchtlingshilfe Sonneberg
Tätigkeiten: Deutschunterricht für Frauen; Organisation einer Frauengruppe; Freizeitaktivitäten; Hilfe bei Bewerbungen; Vermittlung von Arbeitsplätzen.
Ergebnisse/Wirkungen: Alle teilnehmenden Frauen lernten die deutsche Sprache auf verschiedenen Niveaus. Zudem wurden sie in Gegenüberstellung zu und in Auseinandersetzung mit der Verwurzelung in traditionellen Rollenbildern ermutigt, ihre Lebenssituation zu reflektieren und realistische Perspektiven für ihre Zukunft zu entwickeln. Dies glückte insofern, als sie persönliche Beziehungen knüpften, in denen gegenseitiger Respekt und Vertrauen gelebt wurden und werden.

Ort: Stendal
Projektname: Frauentreff International
Tätigkeiten: Wöchentlich organisiertes Treffen von Frauen, die ansonsten kaum Kontakte haben; gemeinsames Einkaufen, Kochen und Essen; themenzentrierte Kommunikation und Konfliktbearbeitung; kreative Handarbeitsrunden.
Ergebnisse/Wirkungen: Geflüchtete Frauen hatten die Möglichkeit, sich untereinander zu öffnen und ihre Belange mitzuteilen. Sie wurden mit den Werten der Demokratie und Gleichberechtigung vertraut gemacht und auf dem Weg zu mehr Selbständigkeit begleitet.

Ort: Stendal
Projektname: Lese-Café
Tätigkeiten: Zur Unterstützung der deutschen Sprache wird gemeinsam gelesen; Kinder bekommen Geschichten vorgelesen, anschließend spricht man mit ihnen darüber; Kinder werden zum Lesen motiviert; Buchempfehlungen unterstützen die Nutzung der Bibliothek.
Ergebnisse/Wirkungen: Obwohl das Projekt mit kreativen Anleitungen gegen die Konzentrationsschwierigkeiten der Kinder ankämpfen musste, hat sich das Artikulations- und Kommunikationsniveau in der deutschen Sprache wesentlich verbessert.

Ort: Stendal
Projektname: Man(n) trifft Man(n)
Tätigkeiten: Organisation eines Männertreffs zum Austausch in interkulturellen Fragestellungen; gemeinsame Freizeitaktivitäten und Besichtigungstouren in der Umgebung. *Ergebnisse/Wirkungen*: Die gezielte Kontaktpflege zwischen männlichen Geflüchteten und deutschen Männern half, Verständnis füreinander zu wecken und Vorurteile abzubauen.

Ort: Stuttgart
Projektname: „Helfen mit Herz": Suppenküche
Tätigkeiten: Sonntägliche Kochveranstaltungen mit landestypischen Gerichten; Treffen, Reden, Gemeinschaft haben; Orientierungshilfen und Vermittlung von Bewältigungsstrategien für einen neuen Start in Deutschland; Brückenbau zu Menschen mit einem anderen Glaubenshintergrund; Kleiderverteilung.
Ergebnisse/Wirkungen: Deutsche Sprache, Kultur, Sitten und Gebräuche wurden den Flüchtlingen nähergebracht und ebneten der Integration die Wege. Das interkulturelle Verständnis füreinander sollte dazu beitragen, dass sich Flüchtlinge nicht radikalisieren.

Ort: Vilshofen
Projektname: Café Welcome
Tätigkeiten: Einrichtung eines Begegnungscafés; Vermittlung von Deutschkursen; Unterstützung bei Behördengängen; Hilfestellung in allen Lebenslagen.
Ergebnisse/Wirkungen: Das Begegnungscafé wurde zur zentralen Anlaufstelle für alle Geflüchteten in Vilshofen. Eine enge Vernetzung mit anderen zivilgesellschaftlichen Kräften ermöglichte es, Hilfestellungen und Integrationsangebote bedürfnisrelevant zu erweitern. Geflüchtete wurden zur Selbständigkeit angeleitet und lernten sich selbst zu helfen. Das Café Welcome ist auch Veranstaltungsort für Vorträge und Schulungen des Amtsgerichts Passau sowie des Landkreises Passau und dessen Gesundheitseinrichtungen.

Ort: Vilshofen
Projektname: Freizeitgestaltung
Tätigkeiten: Durchführung eines Nähkurses; Organisation von Ausflügen und Museumsbesuchen; Besuch in einem Zirkus.
Ergebnisse/Wirkungen: Flüchtlingsfamilien mit ihren Kindern konnten unvergessliche Stunden geboten werden. Die Projektaktivitäten brachten die deutsche Kultur näher und stärkten Gemeinschaftssinn und Solidarität.

Ort: Vilshofen
Projektname: Kinderbetreuung
Tätigkeiten: Wöchentliche Angebote von Basteln, Malen und Spielen; Hausaufgabenbetreuung und Nachhilfe; Flöten- und Klavierunterricht; auf Wunsch der

Eltern wurde in arabischer Sprache ein Kurs für Kinder als Vorbereitung für eine mögliche Rückkehr angeboten.
Ergebnisse/Wirkungen: Kindern wurde spielerisch geholfen, die deutsche Sprache zu erlernen und schulische Probleme zu meistern. Zudem übten sie ihr handwerkliches Geschick und entwickelten Freude am Musizieren.

Ort: Wesel
Projektname: Integrationszentrum
Tätigkeiten: Systematisches Angebot von Deutschkursen und Kinderbetreuung; Organisation von Fußballturnieren, Zeltlagern und Ausflügen; soziale Beratung zur Integration.
Ergebnisse/Wirkungen: Die Sprachkurse und die sozialen Angebote unterstützten die Flüchtlinge auf dem Weg in ihr neues Leben. Ihnen wurde eine Brücke in die deutsche Kultur, Sprache und Gesellschaft gebaut.

Ort: Wurzen
Projektname: „Adventi" – zu Hause bei Freunden
Tätigkeiten: Einrichtung eines Willkommens- und Begegnungscafés; Kursangebote in der deutschen Sprache; Organisation von Ausflügen, Zeltlagern, Sportveranstaltungen, Volkstanzabenden, Konzertbesuchen und Handarbeitskreisen; Gestaltung von eritreischen Abenden mit gemeinsamem Kochen und Essen sowie landeskundlichen Vorträgen; Bereitstellung einer Kleider- und Möbelbörse; Hilfe bei Behördengängen; Vermittlung von Wohnungen und Ausbildung.
Ergebnisse/Wirkungen: In intensiver Betreuung wurden vielgestaltige Beiträge zur gelungenen Integration von Geflüchteten geleistet.

3.3 Integrationswille und -chancen, Integrationsverhinderung und -erfolg

Abgesehen von wenigen Ausnahmen dokumentieren die Abschlussberichte erfolgreiche Projektaktivitäten. Die meisten Projekte entwickelten bei aktiver Partizipation der Geflüchteten eine regelrechte Eigendynamik. Einige jedoch kamen nur schleppend voran und hatten mit einer ganzen Reihe von Schwierigkeiten zu kämpfen, deren Ursache neben regionalen Umständen auch in einem geringer ausgeprägten Integrationsinteresse seitens der Geflüchteten lag.
Natürlich war jedes Projekt mit unterschiedlichen, individuellen Charakteren befasst, mitunter auch mit Jugendlichen oder jungen Erwachsenen, die zwar nicht als dezidiert integrationsunwillig zu bezeichnen waren im Sinne einer ideologisch verfremdeten Einstellung gegenüber ihrer neuen Heimat; sie erweckten aber einen durchaus leichtsinnigen Eindruck, indem sie den Ernst der Situation oder den Ernst des Lebens überhaupt noch nicht vollständig erfasst zu haben schienen. Dies zeigte sich zum Beispiel daran, dass vereinzelt spielerische Angebote wie Sportaktivitäten von einzelnen Personen und Gruppen gerne wahrgenommen wurden, während am schulischen Lernen weniger Interesse bestand und angebotene Integrationschancen vernachlässigt wurden. Die Arbeit mit Geflüchteten gestaltet sich

erfahrungsgemäß ungleich schwieriger, wenn eine Mentalität, die das Leben von der leichteren Seite nimmt, durch Cliquenbewusstsein verstärkt wird, wenn Jugendliche und junge Erwachsene einer gemeinsamen Identität zusammen agieren, auf Coolness bedacht sind und daher ihren Arbeitseifer in Grenzen halten. So wird das Verpassen von Lebenschancen der Kultivierung eines Lebensstils wegen billigend in Kauf genommen. Dazu mag für Einzelne wie auch für Gruppen, bei denen diese leichtfertig anmutende Einstellung anzutreffen ist, die Verarbeitung traumatisierender Erfahrungen eine Rolle spielen. Die Bevorzugung spielerischer Aktivitäten bewirkt dann eine Art Entlastung, die sicher erforderlich und sozialtherapeutisch sinnvoll ist, um in der Folge gezielt an sich selbst und der eigenen Integration arbeiten zu können.

Der typisch deutsch erscheinenden Leitidee, dass die Sorge um das eigene Dasein am besten durch produktive Arbeitsleistungen bewältigt werden könne, muss natürlich neben einer inneren Einstellung auch eine lebensweltlich adäquate Chancenverwertung genügen, die bekanntlich in einer Leistungsgesellschaft mit ungleichen Zugangsaussichten nicht immer gegeben ist. Umso großartiger erscheinen die Erfolgsmeldungen in den Abschlussberichten, dass die meisten der ehrenamtlich betreuten Geflüchteten gute schulische Leistungen erbringen oder einen Ausbildungsplatz beziehungsweise eine Arbeitsstelle bekommen haben. Besondere Anerkennung gebührt Flüchtlingen mit einem bildungsfernen Hintergrund, die sich von ihren ungünstigen Voraussetzungen nicht entmutigen ließen, mit viel Fleiß und Lerneifer ihre anfänglichen Schwierigkeiten überwinden und im Prozess der Integration durch Bildung zudem ihre besonderen Talente entdecken und einbringen konnten.

Das Projekt *Sprachförderung für Asylantenkinder* in Eberbach berichtet über einen Afghanen mit Namen Mohammad A., der heute 20 Jahre alt ist. Er kam mit seinen Eltern und seinen fünf Geschwistern vor etwa vier Jahren nach Eberbach. Die Eltern waren Analphabeten gewesen und lernten im Projekt lesen und schreiben. Mohammad hatte in Afghanistan nur vier Jahre lang die Schule besucht und mit seiner Einschulung in der Theodor-Frey-Schule in Eberbach große Schwierigkeiten. Aber er war sehr fleißig, lernte konzentriert und kam zusätzlich jeden Tag zur Hausaufgabenbetreuung und Sprachförderung. Geduldig wurde an seiner Aussprache und an seinem schriftlichen Ausdruck gearbeitet, mit Erfolg: Die Theodor-Frey-Schule verlieh ihm zum Schulabschluss einen Preis als bester Schüler seines Kurses. Sie würdigte in einem anerkennenden Dankesbrief die gute Zusammenarbeit mit dem Projekt. Bei Werkarbeiten waren Mohammads außerordentliche handwerkliche Fähigkeiten bereits entdeckt worden. Zum Beispiel hatte er im Zuge der Arbeit mit Holz eine spielbare Gitarre gebaut. So erhielt Mohammad schließlich Anfang August 2018 einen Ausbildungsvertrag von der Firma Sauer in Heidersbach, einer Tischlerei mit Fensterbaubetrieb. Das Projekt in Eberbach berichtet von weiteren jungen Geflüchteten, die mit bemerkenswertem Lerneifer und entsprechender Unterstützung ihren Hauptschulabschluss erreichten, sich in einer Ausbildung befinden oder das Gymnasium besuchen und auf das Abitur zusteuern.

Die potenzielle Nutzung und Verwertung von Lebenschancen ist, auf die vorgegebenen regionalen Umstände bezogen, sehr unterschiedlich. Nach den Projektberichten zu urteilen, zieht es die meisten Flüchtlinge in die Stadt, ungeachtet der Verteilungsschlüssel, die darauf ausgerichtet sind, sie über das ganze Bundesgebiet hin sowohl in Städten als auch auf dem Land anzusiedeln. Ein wesentlicher Grund dafür mag die Kettenmigration sein: Verwandte oder andere Bezugspersonen wohnen schon in der Stadt und man sucht die Nähe zu ihnen. Auch die dort vermuteten besseren Erfolgsaussichten, was Schule, Ausbildung und berufliche Einstellungschancen betrifft, dürften eine Rolle spielen.[3] Schließlich mag besonders bei jungen Menschen die Ansicht kursieren, dass es sich im Überfluss der Großstädte besser leben lässt – inklusive der Glitzerwelt der Unterhaltungsangebote – als in der langweilig anmutenden übersichtlichen Einfachheit eines ländlichen Umfelds. Dagegen käme es einigen von Abwanderung betroffenen Kommunen durchaus gelegen, wenn die Zuwanderung von Geflüchteten und Migrantinnen die lokale Infrastruktur beleben, Wohnungsleerstand beheben und Schulen vor der Schließung bewahren könnte. Manche Projekte konnten durch intensiven Beziehungsaufbau und die Nutzung regionaler Chancen nicht nur einer Abwanderung in Großstädte entgegenwirken, sondern sich auch selbst zu einer neuen Anlauf- und Sammelstelle für Nachkommende profilieren, wie das Projekt der Schutzhütte in Schwedt. Die Partizipation ernst nehmend, war ein Schwerpunkt dieses Projekts darauf ausgerichtet, nicht nur Geflüchtete in eine bestehende Struktur zu integrieren, sondern sie selbst zu Integrationslotsen auszubilden. Mit eigenen Erfahrungen konnten sie ihren Schicksalsgenossen in Behördenangelegenheiten, schulischen Fragen und bei der Wohnungs- und Arbeitssuche behilflich sein. Eine intensivere Mitarbeit im Projekt und die graduelle Übernahme von Verantwortung für die Ausbildung von Selbsthilfekapazitäten wurde zudem durch eine Eingliederung der Geflüchteten in den Bundesfreiwilligendienst (BFD) ermöglicht, der neben einem gewissen Auskommen einen vollen Versicherungsschutz bietet. Zudem erfolgte eine Anlehnung der Ausbildung Geflüchteter an das Weiterbildungsangebot der CVJM-Hochschule in Kassel mit dem Zertifikat „Integrationscoach und Interkulturelle Beraterin/Interkultureller Berater.“

Neben den angeführten Push- und Pull-Faktoren ländlicher und städtischer Regionen sind es zuweilen auch politische Umtriebe, die existenzielle Verunsicherungen auslösen, verbreiten und die Geflüchteten dazu bewegen, einen Ort zu

---

3 Zitat aus einem Projektbericht: „Die Grundproblematik in dieser Arbeit mit Geflüchteten sehen wir darin, dass der Drang, in die Großstädte (Leipzig, Hamburg, Berlin und München) wegzuziehen, immer noch ungebrochen ist und es schwerfällt, die Geflüchteten hier im ländlichen Raum zu integrieren. Neben der Sprachkompetenz ist eine Verbesserung der Ausbildungs- und Arbeitsperspektiven vor Ort ein starker Baustein zur Integration der Geflüchteten.“ Forschungsberichte über die räumliche Verteilung von Flüchtlingen und Zuwanderungsgruppen belegen eine Konzentration in großen Städten, die aber mit der damit verbundenen Ballung sozial schwacher Gruppen nicht die besten Bedingungen für Integration liefert (Helbig und Jähnen 2019).

verlassen und anderswo eine Bleibe zu suchen. Dazu ein Ausschnitt aus dem Wurzener Projektbericht:

> Die grundsätzliche Herausforderung an unserem Standort in Wurzen bestand darin, dass es sehr lautstarke und aggressive Gruppen von rechtsradikalen Kräften in der Stadt gibt. Im Januar 2017 kam es zu mehrfachen Über- und Angriffen auf eine Wohnung von eritreischen Geflüchteten in der Kleiststraße, wodurch diese gezwungen waren, in eine andere Wohnung in Wurzen umzuziehen. Als sich diese Aktionen durch einen alkoholisierten Mob von ca. 60 Personen im Juni 2017 wiederholten, waren die Geflüchteten derart verängstigt, dass sie die Stadt verlassen haben und sich außerhalb von Wurzen neue Wohnungen suchen wollen.

Die feindliche und gelegentlich sogar gewaltbereite Gesinnung eines Teils der Mehrheitsgesellschaft erfordert seitens des engagierten Ehrenamts zur Sicherheit und zur Ermutigung der Betroffenen ein zusätzliches Maß an solidarischem Einfühlungsvermögen, Schutzmaßnahmen sowie eine eindeutige Positionierung gegen Hass und Gewalt auf rechtsstaatlicher Grundlage; ansonsten besteht die Gefahr einer gegenseitigen Verhärtung und bleibender Feindseligkeit. So heißt es in diesem Projektbericht weiter: „Deshalb ist es aus unserer Sicht wichtig, die Zivilgesellschaft in Wurzen zu ermutigen, zu derartigen Entwicklungen klar Stellung zu beziehen und sie nicht zu verharmlosen oder gar die Augen davor zu verschließen."

Im Folgenden wird ein Interview zusammengefasst, das am 30. 03. 2019 in Wurzen mit Robel E. geführt wurde. Robel ist ein eritreischer junger Mann unter 26 Jahren, der im Mai 2015 über den Sudan, Libyen, das Mittelmeer und Italien nach Deutschland geflüchtet war. Zusammen mit anderen eritreischen Flüchtlingen war er in Wurzen angesiedelt worden. Anfangs in einer Flüchtlingsunterkunft untergebracht, fühlte er sich ganz fremd. Er beherrschte die Sprache nicht und hatte keine Ahnung von der Kultur, den Gesetzen und der Lebensordnung seiner neuen Umwelt. Zudem fühlte er sich unerwünscht. Er gewann den Eindruck, seine neuen Mitmenschen hätten noch nie einen andersfarbigen Ausländer zu Gesicht bekommen und er sei für sie ein unwillkommener Exot. Auf den Straßen der Kleinstadt verängstigten ihn verbale Aggressionen von Passanten und Hupkonzerte vorbeifahrender Autos. Selbst Kinder riefen ihm Abwertendes hinterher. Die alltäglichen Beschimpfungen und Anfeindungen, deren er sich nicht erwehren konnte, schienen immer schlimmer zu werden. Er befürchtete ernsthaft, dass sie bleiben und seine Lebenswelt dauerhaft bestimmen würden. Bei Dunkelheit getraute er sich nicht mehr auf die Straße. Einige seiner eritreischen Landsleute zogen die Konsequenzen und machten sich erneut auf den Weg, in eine andere deutsche Stadt, in der sie sich bessere Aussichten auf mitmenschliche Akzeptanz erhofften.

Am 17. 01. 2017 klopfte es um zwei Uhr morgens laut an die Tür der Wohngemeinschaft von vier eritreischen Flüchtlingen. Einige offensichtlich betrunkene Männer forderten Einlass und brüllten, nachdem sie sich Zutritt verschafft hatten: „Verschwindet von hier … ihr gehört nicht hierher … das ist unser Land!" Ein Fenster ging zu Bruch. Die herbeigerufene Polizei schien die Unruhestifter nicht zu stören, denn übermütig und lautstark wiederholten sie ihre Forderungen. Schließlich nahmen die Ordnungshüter ihre Personalien auf und schickten sie nach Hause. Nach weiteren Über- und Angriffen sah sich Robel genötigt, in eine andere, sicherere Wohnung innerhalb von Wurzen umzuziehen.

Robel konnte nun nicht anders, als seine hohen Erwartungen zurückzuschrauben. Er hat für sich eine neue Überlebensphilosophie entwickelt, die ihm hilft, die drohende Schwermut zu überwinden: Er nimmt die Dinge, wie sie kommen, und stellt sich den Anforderungen, wie sie ihm entgegentreten – ohne etwas Gutes oder Schlechtes zu erwarten. Damit ist er auch positiven Erfahrungen gegenüber offen. Schließlich ist er zu der Überzeugung gekommen, dass „man sich nicht allein integrieren kann“, und er hat sich auf die Suche nach Menschen gemacht, die ihm gewogen und hilfreich sind.

Zu dem gewonnenen Eindruck „Die Deutschen mögen uns nicht“ hätte sich wohl die Gegenreaktion „Wir mögen die Deutschen nicht“ gesellt, wenn sich nicht auch Menschen mit Rat und Tat um die eritreischen Geflüchteten und ihre Belange gekümmert hätten. Die Gefahr besteht, dass man sich nicht in eine Gesellschaft integrieren will oder kann, die einem feindlich gegenübersteht oder zumindest so erfahren wird; dass man den Rückzug antritt und sich einkapselt: in den verbleibenden Zusammenhalt der Volksgruppe, der Sprache, der Herkunftsregion und der Religion – in Robels Fall das orthodoxe Christentum.

Unterstützung bei seinem Asylantrag, beim Erlernen der deutschen Sprache, beim Unterkommen in einem beruflichen Praktikum und Finden einer Ausbildungsstelle sowie einer Wohnung erhielt er von einer den Geflüchteten wohlgesinnten Zivilgesellschaft und vor allem von dem Projekt *Adventi – zu Hause bei Freunden*. Dieses organisierte unter anderem mehrere eritreische Abende mit gemeinsamem Kochen und Essen, zu denen jeweils mehr als 50 Gäste kamen. Diese Abende boten Gelegenheit, mit Menschen zu sprechen, die am Schicksal der Geflüchteten Interesse zeigten, Mut machten und auch die eine oder andere Hilfeleistung anboten, durchführten oder dafür den Weg bereiteten.

Auch die öffentliche Anteilnahme an einer Trauerfeier in der katholischen Kirche in Wurzen förderte die Widerstandskräfte und den Zusammenhalt mit dem Großteil der Mehrheitsgesellschaft. Es ging dabei um Shewit Kahsay, eine junge Eritreerin von 17 Jahren, die sich umgebracht hatte, nachdem ihr Asylantrag abgelehnt worden war. Gegen rechtsradikale Kräfte, die einen Aufmarsch im Zentrum von Wurzen planten, der explizit gegen den Zuzug von Geflüchteten gerichtet war, formierte sich die Zivilgesellschaft auch politisch mit einem „Bürgerbrunch“ auf dem Marktplatz zur Demonstration der Solidarität mit Geflüchteten und zur Stärkung der demokratischen Kräfte.

Die Antragstellung auf Asyl gestaltete sich für Robel schwierig und langwierig. Während des Verfahrens konnte er zumindest einen Deutschkurs auf der Volkshochschule, einen Orientierungskurs und ein zweiwöchiges Praktikum absolvieren. Nach mehr als einem Jahr erhielt er am 24. 12. 2016 – sozusagen als Weihnachtsgeschenk – vom BAMF die Nachricht, dass sein Antrag positiv beschieden und er als politisch Verfolgter asylberechtigt sei. Inzwischen absolviert er eine

dreijährige Ausbildung zum Tierpfleger mit Schwerpunkt Geflügel, die seinen auf Erfahrung beruhenden Interessen entgegenkommt, da er in Eritrea auf einem Bauernhof aufgewachsen ist. Robel hat ein eritreisches Abitur und kann sich daher nach erfolgreich abgeschlossener Gesellenprüfung eine Weiterbildung zum Meister oder sogar ein Veterinärstudium an einer Universität vorstellen.
Filemon, ebenfalls im Mai 2015 über das Mittelmeer und Italien nach Deutschland und schließlich nach Wurzen gekommen, machte ähnliche Erfahrungen wie Robel. Allerdings wurde sein Asylantrag aufgrund einer vorherigen Registrierung in Italien abgelehnt. Bevor er nach Italien abgeschoben werden konnte, entschied sich die Adventgemeinde Wurzen zu einem Kirchenasyl, das ordnungsgemäß gemeldet wurde und von Dezember 2015 bis Mai 2016 stattfand. Danach erhielt Filemon eine befristete Aufenthaltsgenehmigung und schließlich eine Asylberechtigung. Nach viermonatigem Sprachkurs und einem Praktikum bei einem Bäcker begann er schließlich eine dreijährige Ausbildung in einer Bäckerei, die er im Juli 2021 abgeschlossen haben wird. Filemon hatte zuvor in Eritrea als Bäcker gearbeitet.
Abschließend zu diesem Kapitel und zum Stichwort Integrationsverhinderung soll angeführt werden, dass in manchen Projekten einige der nunmehr Deutsch sprechenden und integrationsvorbereiteten Geflüchteten ihre neue Heimat wieder verlassen mussten, weil ihr Asylantrag negativ beschieden wurde oder ihr subsidiärer Schutz entfiel. Nach dem Auf- und Ausbau von Beziehungen wie auch Freundschaften werden diese Trennungen als äußerst schmerzlich erlebt; es bleibt zu hoffen, dass die Erfahrungen von Mitmenschlichkeit und gegenseitiger Bereicherung über alle Grenzen hinweg im Gedächtnis bleiben.
Am 07. 06. 2019 stimmte der Deutsche Bundestag – gegen die Stimmen der Opposition – für das „Geordnete-Rückkehr-Gesetz", von der kritischen Zivilgesellschaft auch als „Hau-Ab-Gesetz" betitelt, da es im Wesentlichen auf eine Vereinfachung und Ausweitung von Abschiebungen hinausläuft. Danach soll unter anderem eine Abschiebehaft nichtkrimineller Geflüchteter in gewöhnlichen Gefängnissen möglich sein. Das neue Gesetz sieht des Weiteren vor, behördlich festgelegte Abschiebetermine geheim zu halten; Vollstreckungsorgane sind nun nicht mehr autorisiert, diese Termine ehrenamtlichen Helferinnen und Helfern mitzuteilen. (Ein erster Gesetzesentwurf hatte diese Geheimhaltungspflicht sogar für zivilgesellschaftliche Träger vorgesehen.) Dahinter steht die Befürchtung, diese Informationen könnten weitergeleitet werden und die Betroffenen untertauchen oder die ehrenamtlichen Mitarbeiterinnen mit alternativen Maßnahmen wie dem Kirchenasyl einer Abschiebung entgegenwirken. Bei aller Verfügungsmacht des Rechtsstaates, seine Entscheidungsmacht durchzusetzen, wird mit diesem Gesetz eine mögliche und wünschenswerte Partnerschaft zwischen Staat und Zivilgesellschaft unterwandert. Das Ehrenamt wird zum Funktionsträger einer von außen vorgeschriebenen Ordnungspolitik, ohne bei der Ausübung oder Gestaltung derselben mitreden zu können. So kann es vorkommen, dass bei einer ohne Ansage durchgeführten Abschiebung nicht einmal die Zeit bleibt, sich zu verabschieden. Das Projekt *LeseInsel Südstadt* (Hannover) beschreibt die Begeisterung über einen Ausflug, die jedoch bereits einen Tag später zunichte gemacht werden sollte: „Was

wir an diesem Tag nicht ahnen konnten, war der Umstand, dass zwei Mädchen schon am nächsten Tag Hannover mit ihrer Familie verlassen mussten. Die Familie musste zurück in ihr Heimatland.“ Das Begegnungscafé in Neubrandenburg hat es sich zur speziellen Aufgabe gemacht, abgelehnte und von Abschiebung bedrohte Asylbewerber sozialtherapeutisch zu betreuen: „Die Ghanaer wurden bis zu ihrer unfreiwilligen Abschiebung beziehungsweise ihrem Untertauchen und teilweise darüber hinaus unterstützt. Es besteht weiterhin Kontakt mit Ghanaern in Ghana als auch mit in Deutschland verbliebenen.“
Die Sorge bleibt, dass das soziale Kapital des Ehrenamts vonseiten der Geflüchteten einen gewissen Vertrauensverlust erleidet, wenn nichts gegen diese abrupten Trennungen, welche auch Freundschaften auseinanderreißen, unternommen werden kann. Damit sollen rechtsstaatliche Entscheidungsträger und ihre Entscheidungen nicht prinzipiell infrage gestellt werden. Es ist aber ein Modus der partnerschaftlichen Kommunikation zu finden und zu praktizieren, der anstelle von Zwangsmaßnahmen das Einvernehmen in den Vordergrund stellt und für Menschenfreundlichkeit steht. Bei diesen Ausführungen kann es selbstverständlich nicht darum gehen, diejenigen Geflüchteten, Asylbewerber oder Migrantinnen vor rechtmäßigen Abschiebungen zu schützen, die durch strafrechtliches Eigenverschulden ihren Aufenthaltstitel verwirkt haben, wie zum Beispiel verurteilte Straftäter oder Terroristen.

Gemeinsames Kochen, Backen und Essen

Ein beliebtes und Erfolg versprechendes Format der Projekte, um Begegnung zu ermöglichen und Gemeinschaft zu schaffen, bestand im gemeinsamen Kochen, Backen und Essen. Dies liegt sicher auch darin begründet, dass es besonders Frauen aus allen Kulturkreisen ansprach und ihnen die Möglichkeit bot, ihr „wohlbehütetes“ Umfeld zu verlassen und ihre persönlichen Kochkünste zur Auflockerung der manchmal als langweilig empfundenen deutschen Küche einzubringen.[4] Mit diesem Projektformat soll keinem traditionellen Rollenmodell das Wort gesprochen werden, zumal sich (wenn auch äußerst selten) kochfreudige Männer ebenso dafür begeistern konnten. Das gemeinschaftliche Werkeln in der Küche, dem meist ein gemeinsamer Einkauf voranging, und das Einnehmen der Speisen an bunt gemischten Tischen bot für Frauen und Männer eine exzellente Gelegenheit, miteinander ins Gespräch zu kommen und sich über persönliche

4 Dazu kommt, dass die Freikirche der STA die Speisegebote aus dem dritten Buch Mose (Leviticus) als verbindlich ansieht, die ja auch für andere Glaubensgemeinschaften mit abrahamitischem Hintergrund relevant sind. Diese gemeinsame Tradition der besonderen Ernährungsgewohnheiten schaffte eine zusätzliche Vertrauensbasis, die es muslimischen Eltern leichter zu machen schien, ihre Kinder in die Obhut von Projektverantwortlichen zu geben, etwa bei Pfadfinderwochenenden, Zeltlagern und Freizeitveranstaltungen außer Haus. Jedoch gab es mit der Akzeptanz von Nahrungs- und Genussmitteln auch andere Erfahrungen. Weihnachtsgebäck zum Beispiel wurde nicht immer angenommen, gelegentlich sogar diskret „entsorgt“.

Belange auszutauschen. Mit zunehmender Integration kauften Geflüchtete selbständig ein, kochten in ihrer neuen Heimstätte, brachten das fertige Gericht zu den Treffen mit (Potluck) und trugen so zur Abwechslung der gemeinsamen Mahlzeiten bei. In den meisten Projekten mit muslimischer Beteiligung wurde das gemeinsame Kochen, Backen und Essen während des Fastenmonats Ramadan ausgesetzt.
Das Projekt der *Bunten Küche* in Schweinfurt entstand aus einer Suppenküche für Bedürftige, die im Herbst 2016 mit dem Anliegen, etwas Gutes für Benachteiligte zu tun, gestartet war:

> Allerdings kamen anfangs weniger Gäste als erwartet. Erst als Helfer Flüchtlinge mitbrachten, nahm das Unternehmen „Fahrt" auf. Es kamen immer mehr Flüchtlingsfamilien aus Syrien, Afghanistan und Äthiopien mit der Folge eines herrlichen Sprachenwirrwarrs in unseren Räumen. Als die Suppenküche den Sommer über Pause machen wollte, zeigten sich die geflüchteten Frauen enttäuscht. Sie hatten das Treffen so genossen und Freundschaften untereinander und mit deutschen Besuchern geschlossen. So kam der Vorschlag einer Syrerin, zur Arbeitsentlastung das Essen selbst zu kochen und mitzubringen. Alle waren einverstanden und so wurde die *Bunte Küche* geboren. Es gibt immer ein sehr abwechslungsreiches Buffet, das von allen Asylantenfamilien und uns Helfern zusammengestellt wird. Die deutschen sozial Schwachen sind dazu eingeladen; sie haben das ausländische Essen lieben gelernt, nachdem sie anfänglich sehr kritisch gewesen waren. Die Flüchtlingsfrauen bekommen Lob und Dank. Natürlich geht es nicht nur um Essen und Trinken, sondern um Beisammensein und ein Miteinander und darum, Lösungen für die vielen sozialen Ungerechtigkeiten zu besprechen und zu erarbeiten.

Wohnungssuche

Wenn Geflüchtete einen Aufenthaltstitel zugesprochen bekommen, beginnt die Wohnungssuche, die in der Regel, wenn das Sozialamt nichts anzubieten hat, der Eigeninitiative überlassen und auf Unterstützung des Ehrenamts angewiesen ist. Wohnungssuchen erweisen sich als sehr zeitaufwendig, besonders in den Großstädten mit geringer Verfügbarkeit mietbarer Räumlichkeiten. „Sie beinhalten Internet- und Zeitungsrecherchen, E-Mail-Bewerbungen und Telefonate mit Maklern, Hausverwaltungen und Genossenschaften sowie zahlreiche Wohnungsbesichtigungen und dauerfrustrierende Absagen." Bekanntlich werden Wohnungssuchenden mit fremdklingenden Namen vergleichsweise geringere Chancen auf dem Wohnungsmarkt eingeräumt. Das *Begegnungscafé mit Flüchtlingen* in Berlin-Zehlendorf berichtet von einem besonders dramatischen Fall einer siebenköpfigen Familie aus Syrien, die das Café regelmäßig besuchte und von den Mitarbeiterinnen betreut wurde:

> Sie war befristet in einer 2½-Zimmer-Ferienwohnung einquartiert und fand trotz intensiver eigener Anstrengungen und großer Unterstützung in Berlin keine geeignete Wohnung, in der sie dauerhaft bleiben konnte. Die Lage war so verzweifelt, dass die Familie sogar Kontakt mit korrupten Vermittlern aufnahm, um nichts unversucht zu lassen, allerdings ohne Erfolg. Das Problem bewegte das gesamte Begegnungscafé; gemeinsam wurde daran gearbeitet und für eine Lösung gebetet. Doch zur Ent-

> täuschung aller verwandelten sich selbst aussichtsreiche Rückmeldungen im letzten Moment immer wieder in Absagen. Manch frommes Gemüt mag hier vorschnell einwenden: „Dann kommt eben noch etwas Besseres". Jedoch verschlechterte sich die Situation. Nach einer einmaligen Verlängerung um drei Monate musste die Familie die Ferienwohnung mit ihrem gesamten Hab und Gut verlassen und saß praktisch auf der Straße.
> Das Sozialamt konnte kurzfristig lediglich ein Quartier mit Feldbetten im Obdachlosenheim anbieten, für eine Familie mit fünf Kindern eine trostlose Alternative. So entschloss sich die Familie, zu Freunden nach Wedding zu ziehen, konnte aber nur eine Woche bleiben, zu eng waren die Verhältnisse mit elf Personen in 2½ Zimmern. In der Zwischenzeit wurde die Wohnungssuche mit konventionellen Besichtigungen fortgesetzt. Immer wieder schien etwas Passendes in verschiedenen Stadtteilen Berlins dabei zu sein, aber es kamen weiterhin nur Absagen. Schließlich landete die Familie doch noch im Obdachlosenheim mit schmutzigen Sanitärräumen, Ungeziefer und unappetitlicher Kochgelegenheit. Die Familie war verzweifelt, Aggression, Depression und Hoffnungslosigkeit machten sich breit. Alle fühlten sich krank und waren angeekelt von der Lebenslage.

Die Projektverantwortlichen erwogen, die Presse einzubeziehen und so die prekäre Situation besonders der darunter leidenden Kinder öffentlich zu machen. Doch entschied man sich auf eine Weitersuche im Vertrauen auf Gott.[5]
An einem der nächsten Tage besichtigte eine der Projektverantwortlichen (Ute) mit einer Tochter der Familie eine 4-Zimmer-Wohnung in Zehlendorf, auf die man sich beworben hatte, die letzte, die nach allen Absagen übrigblieb:

> Die Vermieterin war offen, unvoreingenommen gegenüber syrischen Flüchtlingen und sichtlich angetan von der jungen Frau und der geschilderten prekären Lage der Familie, konnte aber nur um Zeit bitten, da sich auch viele andere Personen zur Wohnungsbesichtigung angemeldet hatten. Doch dann, noch auf der Heimfahrt, erreichte Ute ein Anruf der Vermieterin, dass sie die junge Frau so sympathisch fand und dass sie einen Unterschied machen wolle zu all den anderen ablehnenden Vermietern, und sie bat darum, am Donnerstag die ganze Familie kennenlernen zu können. Aber ausdrücklich ohne feste Zusage! Den Mittwoch verbrachten wir alle, allein oder im Hauskreis, im ernsthaften Gebet. Am Donnerstagmorgen versuchte ich noch eine Vorabzustimmung vom Sozialamt zu bekommen, doch die Mitarbeiter machten mir nach Durchsage der Mieteckdaten keine große Hoffnung. Und dann gab uns am Nachmittag während des Kennenlernens die Vermieterin ihre mündliche Zustimmung! Wir lagen uns mit Tränen in den Augen in den Armen. Da die letzte Entscheidung aber das Jobcenter fällen musste, welches bis 18 Uhr geöffnet war, fuhren wir direkt von der Wohnung aus dorthin und stellten den Antrag auf Zustimmung und Kostenübernahme ... Am Freitagmorgen kam um 9.33 Uhr endlich die Erlösung: Ja, nach Einzelfallentscheidung wird der Wohnungsanmietung zugestimmt!

---

5 Der Bericht schildert, dass in dieser Situation ein Bibeltext besonders tröstete und neues Vertrauen bewirkte: „Noch trägt der Feigenbaum keine Blüten und der Weinstock bringt keinen Ertrag, noch kann man keine Oliven ernten … noch fehlen Schafe und Ziegen auf der Weide … Und doch will ich jubeln, weil Gott mir hilft … Ja, Gott, der Herr, macht mich stark, er beflügelt meine Schritte …" (Habakuk 3,17–19).

Die Tochter der Familie schrieb an Ute:

> Bei Allah, jetzt habe ich für Mama gesagt, dass du bist wie meine Mama auch. Und ich habe euch (du, Sabine, Vojo, Mark) lieb gefunden. Ich bedanke mich bei Herr Gott, dass ich euch kennengelernt habe. Danke, danke von meinem Herz! (*Begegnungscafé mit Flüchtlingen,* Krankenhaus Waldfriede).

Andere Berichte über erfolgreiche Wohnungssuchen fallen weniger dramatisch aus als bei dieser Familie, was die Erfahrung von Not, gläubigem Bitten und Gebetserhörung betrifft. Doch bleiben aufgeschlossene Vermieterinnen und Vermieter zu erwähnen, die primär nicht des Einkommens wegen, sondern aus Bereitschaft zur Unterstützung Geflüchteten ihr Haus öffneten. Hier sei das Beispiel einer stillen älteren Dame in Bad Honnef erwähnt, die eine nach Familienzusammenführung in Bedrängnis geratene sechsköpfige syrische Familie für sechs Monate in ihr Haus aufnahm. Danach konnte über das städtische Gebäudemanagement ein eigenes kleines Haus gefunden, angemietet und mit gespendeten Möbeln ausgestattet werden.

> Jetzt wohnt die Familie bereits seit drei Jahren in dem Haus. Drei der Kinder besuchen seit einiger Zeit ein privates Gymnasium, das vierte Kind wechselt im Sommer auch dorthin. Sie sprechen alle super gut Deutsch, schreiben nur Bestnoten und der älteste Sohn durfte sogar eine Klasse überspringen. Er hatte im vergangenen Jahr das beste Zeugnis des Gymnasiums (*Café International*, Bad Honnef).

Der Zustrom von Geflüchteten und Migranten hat aufgrund eines begrenzten Angebots und einer gesteigerten Nachfrage auf dem Wohnungsmarkt die Miet- und Kaufpreise besonders in den Städten steigen lassen. Das mag die Eigentümerinnen von Immobilien erfreuen und Mieter verärgern. Der aufkommende Verdrängungswettbewerb verlagert sich zunehmend in das Hinterland, das noch ausreichend Leerstände zu günstigeren Preisen im Angebot hat.

Pünktlichkeit und Zuverlässigkeit

Pünktlichkeit und das Einhalten verabredeter Organisationsstrukturen erwiesen sich in fast allen Projektaktivitäten als problematisch und nahmen den Berichten zufolge manchmal bedenkliche Formen an. Das Durcheinander, das aus einem unterschiedlichen Verständnis des Zeitbegriffs entstand, war auch Anlass, dass man schließlich an der eigenen „deutschen" Überpünktlichkeit zu zweifeln begann und Geflüchteten bereitwillig mehr Spielraum zur Eingewöhnung gewährte beziehungsweise dass neue Toleranzgrenzen austariert wurden. Es bleibt der Eindruck, dass Geflüchtete in verschiedenen „Zeiten" leben: in ihrer individuellen Zeit, in der durch ständige Kommunikation aufrechterhaltenen Zeit des Herkunftslandes und in der nur relativen Größe der Zeit lebensweltlicher Anforderungen, auch als ein Gradmesser dafür, ob man angekommen ist oder nicht. Sylvia Lawaty, die Verantwortliche des Projekts *WeSpeakMusic* in Lüneburg, die selbst bei einem Auftritt im Norddeutschen Rundfunk die Erfahrung machen musste, dass ihre

Musiker zu spät kamen, ist zu der weisen Schlussfolgerung gekommen, dass für ein Miteinander mit Geflüchteten und in diesem Kontext mit Künstlerinnen Umstellung und Flexibilität erforderlich sind: „Die kulturellen Unterschiede sind recht hoch. Es braucht sehr viel Gelassenheit. Ich habe auch gelernt, loszulassen oder es anders werden zu lassen als geplant." Diesem Gedanken folgend ist man dann auch gern bereit, terminliche Unzuverlässigkeit zu entschuldigen, etwa mit der anhaltenden Bewältigung von Fluchterfahrungen oder der ständigen Sorge um das Dasein. Allerdings bleibt festzuhalten, dass in einer Leistungsgesellschaft und auch im Wertekanon eines Zusammenlebens, in dem man aufeinander angewiesen ist, Pünktlichkeit und anderweitig bestimmbare Formen der Zuverlässigkeit keine zu vernachlässigenden Größen sind. Sie müssen den jetzt hier Lebenden ungeachtet möglicher Verhinderungsgründe zu ihrem eigenen Vorteil ans Herz gelegt und mit ihnen eingeübt werden. Dies erfolgt bekanntlich weniger über die Einforderung einer Norm, sondern vielmehr über handlungsorientierte Interaktion, wechselseitige Wertschätzung und einbeziehende Teilhabe an bestehenden Strukturen, ohne die eine Entfaltung von Lernfähigkeit nicht möglich ist. Nach wiederkehrenden Frustrationserfahrungen durch Unpünktlichkeit mit unbegleiteten minderjährigen Flüchtlingen berichtet das Projekt *Erlebnis Sport* (Hannover):

> Im Projektverlauf schienen sich die Jugendlichen zunehmend gesehen und wertgeschätzt zu fühlen. Das Maß an Pünktlichkeit und Zuverlässigkeit stieg deutlich an. Der Pool an gemeinsamen Erfahrungen wuchs. Die wechselseitige Kommunikation der Jugendlichen untereinander und auch mit externen Teilnehmern sowie mit Betreuern intensivierte sich zunehmend. Das ist wahrscheinlich einem Zuwachs an Vertrauen, sprachlichen Fähigkeiten, sinkenden Begegnungshürden und einer bereits gemeinsam geschriebenen Geschichte geschuldet.

Kinder

Kinder gehören zu dem äußerst sensiblen Bereich der Arbeit mit Geflüchteten, da sie selten oder nur zum Teil in der Lage sind, ihre Erlebnisse in der Vergangenheit und ihre gegenwärtige Situation adäquat zu reflektieren. Flüchtlingskinder haben im Vergleich zu Kindern, die in einem sicheren Umfeld aufgewachsen sind, ungleich größere Schwierigkeiten, ihr Verhalten an vorgegebenen normativen Erwartungshaltungen auszurichten. Die meisten Projekte hatten mit Kindern zu tun; die ehrenamtlich Tätigen haben diese Herausforderung der emotionalen Einbindung durch Freizeiten, Sportaktivitäten, (vor-)schulische Lernprogramme und Sing-, Mal- und Bastelstunden hervorragend gemeistert.

> Die Teestube in Stendal, von Kindern und Jugendlichen liebevoll „Teete" genannt, hat sich zu einem Rückzugsraum für Geflüchtete aus unterschiedlichen Herkunftsländern entwickelt. Hier werden nicht nur Integrationsangebote unterbreitet, sondern Kontakte geknüpft und Freundschaften gesucht. Einige der unbegleiteten minderjährigen Flüchtlinge sind allein, ohne die Geborgenheit der Familie, sie möchten ankommen und angenommen werden und erleben nur zu oft, wie ihnen ein kalter Wind entgegenweht. Wichtig für „unsere Kinder" ist, dass sie spüren: Ich bin hier willkommen. Mehr noch:

> Ich bin gewollt. Hier erlebe ich Anerkennung, Verständnis und ich werde ernst genommen mit meinen Problemen, Sorgen und Ängsten. Man bringt mir Vertrauen entgegen. Keiner verachtet mich meiner Herkunft wegen … hier nimmt man sich Zeit für mich und auch für den anderen. Ich erlebe Geborgenheit und Liebe – ein Stück Zuhause. In Erinnerung bleiben die fröhlichen und ausgelassenen Stunden; die Feste, die wir miteinander gefeiert haben; aber wir haben auch zusammen den Alltag gemeistert. Und dann waren da die anderen Stunden, die der Dunkelheit, der Ohnmacht, des Nicht-begreifen-Könnens, der Trauer und der Tränen. In diesen Zeiten sind wir ganz eng zusammengerückt. Haben uns gegenseitig gehalten und getröstet. Dass bei uns koscher gekocht wird, hat sich schnell herumgesprochen. Die Kinder und Jugendlichen fühlen sich dadurch von uns in ihrer Religion akzeptiert. Vertrauen ist geschaffen worden (*Lese-Café*, Stendal).

In dem Pankower Projekt *Gemeinsam kreativ sein* lernten Flüchtlingskinder zusammen mit Berliner Kindern, unter Anleitung von Künstlern mit einer Acrylmischtechnik zu arbeiten. Den Malaktionen folgte eine Vernissage mit den entstandenen Kunstwerken in den Räumen der Adventgemeinde Pankow, verbunden mit einem kleinen Programm einschließlich Kaffee und Kuchen. Schließlich erhielten die Kinder bei einem Besuch der Projektverantwortlichen in ihrer Gemeinschaftsunterkunft im Refugium Buch (einer Einrichtung der Arbeiterwohlfahrt Berlin-Mitte) ihr Bild mit einem Teilnahmezertifikat zurück. So eine Auszeichnung, Teil einer öffentlichen Ausstellung zu sein, schafft ein Erfolgserlebnis, stellt eine wertvolle Bestätigung des eigenen Könnens dar und motiviert die Kinder, auch selbständig kreativ zu werden, zum Beispiel beim Malen und Basteln.

In Böblingen wurde parallel zum wöchentlichen zweistündigen Konversationstraining der Erwachsenen ein Angebot für Kinder eingerichtet, um den Müttern oder Eltern ein ungestörtes Lernen zu ermöglichen. Was als Kinder*betreuung* begann, entwickelte sich zu einem eigenen Projekt, dem *Kindertreff für Flüchtlinge*, in welchem sich die Mitarbeiterinnen bemühten, ganzheitlich auf die Bedürfnisse der Kinder einzugehen; der Kinder innerhalb eines breiten Altersspektrums mit vielfältigem kulturellem Hintergrund und deutlich voneinander abweichenden Sprachkenntnissen, geprägt auch durch traumatisierende Erlebnisse und, daraus resultierend, mit einem völlig unterschiedlichen Sozialverhalten. Man muss es als pädagogische Meisterleistung bezeichnen, für diese Kinder ein ansprechendes und unterhaltsames Programm entwickelt zu haben, das über die spielerische Förderung ihrer Fähigkeiten Erfolgserlebnisse vermittelt und durch die Auswahl der Themenfelder integrationsfördernd wirkt.

Dasselbe gilt für Freizeiten, in denen Kinder sich auch richtig austoben können. Dabei kommt es nicht selten zu Streitigkeiten, in denen auch eigene kulturelle Werte verteidigt werden: „Du hast meine Mutter beleidigt!“ Solche Konfrontationen erfordern von den Mitarbeiterinnen einiges an Kompetenz auf dem Gebiet der Deeskalation und Konfliktbearbeitung. Die Vermittlung von Frieden als einem Wert auf der Grundlage der Vergebungsbereitschaft stellt ein schwieriges Unterfangen dar bei Kindern, die in ihrer Sozialisation und vor dem Hintergrund der

Erfahrung eines andauernden Krieges einen friedfertigen Ausgleich nicht gelernt haben.
Bekanntlich lernen Kinder durch unbefangene Interaktion sehr viel schneller eine Sprache als Erwachsene. So kommt es, dass Flüchtlingskinder oft besser Deutsch sprechen als ihre Eltern, was diese auch zu nutzen wissen. Manchmal entstehen aber auch häusliche Schwierigkeiten, wenn nämlich die sprachliche Kompetenz der Kinder die elterliche Autorität infrage zu stellen scheint.

Ausflüge

Eine Initiative hat sich zumindest in der Anfangsphase der Integration bewährt: mit Geflüchteten in öffentlichen Verkehrsmitteln durch die Stadt zu fahren und sie in ein Museum, einen Park, in den Zoo oder zu einer Sportveranstaltung mitzunehmen. Ausflugsfahrten waren sehr beliebt; die Mobilität auf Straßen, Schienen und auf dem Wasser ermöglichte einen willkommenen Ausstieg aus dem Alltag, verbunden mit beglückenden Gruppenerlebnissen und Lernerfahrungen in Bezug auf die Landeskunde. Einige Projektteilnehmerinnen und -teilnehmer machten sich auf den langen Weg nach Berlin und blieben dort sogar über Nacht. Das Projekt in Heinsberg berichtet von der großen Begeisterung junger Eritreer, die ihre Wertschätzung über die Freude eines Hauptstadtbesuchs dadurch zum Ausdruck brachten, dass sie mit dunklem Anzug, weißem Hemd und Krawatte anreisten und so die Stadt durch ihr Outfit ehren wollten. Der Besuch war als Studienfahrt konzipiert, mit einem Informationsvortrag im Plenarsaal des Bundestags und dem Besuch des Holocaust-Mahnmals. Eine andere Gruppe aus Hannover machte auf ihrer Integrationsfahrt nach Berlin intensive Erfahrungen in der Ausstellung „Topographie des Terrors" mit Erläuterungen in ihrer arabischen Muttersprache. Der Zusammenhang von Krieg, Terror, Flucht und Vertreibung – geschichtlich betrachtet und auf die gegenwärtige Situation der Geflüchteten bezogen – gibt Denkanstöße und fordert dazu heraus, die Zukunft gemeinsam neu und besser zu gestalten.
Natürlich gibt es auch Geflüchtete, die in Berlin angesiedelt sind und kaum Gelegenheit haben, über die Grenzen der Stadt hinauszukommen. Der Bericht des *Begegnungscafés mit Flüchtlingen* (Krankenhaus Waldfriede) über einen Ausflug nach Bad Belzig spricht für sich:

> Dieser Tagesausflug wurde mit 80 Personen (1–70 Jahre alt) durchgeführt. Das relativ volle Programm wurde unter Berücksichtigung der vielen Kinder gekürzt auf eine Burg, eine Falkenshow und Picknick auf einem Spielplatz. Die Teilnehmerinnen und Teilnehmer waren teilweise zum ersten Mal außerhalb von Berlin unterwegs, erinnerten sich beim Besuch der mittelalterlichen Burg Eisenhardt ein wenig wehmütig an die antiken Stätten in der Heimat, wunderten sich über die vielen „arabischen" Greifvögel bei der Falkenshow und genossen das Beisammensein bei einem Picknick im Grünen, während die Kinder auf einem großen Spielplatz tobten. Alle Mitreisenden waren begeistert und glücklich!

Spendenbereitschaft

Die meisten der Geflüchteten sind mittellos und für die Befriedigung ihrer materiellen Grundbedürfnisse auf externe Unterstützung angewiesen. Diese leistet in der Regel der Staat. Zusätzliche Unterstützung kommt von der Zivilgesellschaft, die je nach Bedürfnissen Hygieneartikel, Kleider, Spielsachen, Fahrräder und dergleichen mehr kostenfrei verteilt sowie die Versorgung mit Möbeln organisiert. Im Projektbericht *Kindertreff für Flüchtlinge* (Böblingen) war zu lesen: „Besonders bewegte uns bei der Ausgabe der Sachspenden die Überraschung und Rührung eines Mädchens mit seiner Mutter, das genau solch eine Puppe wiederentdeckte, wie es auf der Flucht zurücklassen musste." Auch Fußballclubs (wie Hertha BSC), die Autostadt Wolfsburg und Museen stellten Freikarten für Flüchtlingsgruppen zur Verfügung. Das Mainzer Projekt berichtet von der großen Jubiläumsausstellung „Dialog der Meisterwerke" zum 200. Geburtstag des Städel Museums in Frankfurt am Main, in der eine Vielzahl von Kunstwerken aus den renommiertesten Museen der Welt versammelt war. Freundlicherweise stellte das Städel syrischen Flüchtlingen Freikarten zur Verfügung und ermöglichte einen gemeinsamen Museumsbesuch. „Für unsere Gäste war der Besuch einer Kunstausstellung eine völlig neue Erfahrung und bot daher einmal einen ganz anderen Zugang zu unserer Kultur. Kunst integriert – sie überwindet Sprachbarrieren und fördert Austausch und Dialog." Aus Bad Honnef kam folgendes Beispiel für Spendenbereitschaft:

> Musab ist ein syrischer Flüchtling mit nur einem Bein, das zudem verkrüppelt ist. Er kann sich nur beschwerlich mit zwei hohen Krücken fortbewegen. Als im regionalen Umfeld ein sehr gut erhaltener und generalüberholter Elektro-Shopper für 400 Euro (Neupreis 7.000) zu verkaufen war, zögerte der Freundeskreis des *Café International* nicht lange: Man schilderte die Situation auf der Facebook-Seite „Bad Honnefer Willkommenskultur" und suchte 40 Personen, die bereit wären, jeweils zehn Euro zu spenden. Bereits nach drei Stunden war der Betrag zusammengekommen und die Aktion konnte beendet werden. Musabs Freude war unbeschreiblich, als ihm der Shopper übergeben wurde. Für ihn begann damit ein großes Stück neuer Lebensqualität.
>
> Etwa acht Monate später, am 16. März 2019, schickte Musab Fotos von einem kaputten Rad. Er war versehentlich mit seinem Fahrzeug gegen einen Bordstein gefahren. Nach Rückfrage beim Hersteller stellte sich heraus, dass der Shopper seit einigen Jahren nicht mehr hergestellt wird und kein Ersatzrad mehr vorrätig ist. Fachleute bestätigten zudem, dass das Rad nicht repariert und nur ersetzt werden könne. Das Problem wurde wiederum auf Facebook geschildert. Schließlich wurde noch ein einziges Rad aus einem Ersatzteillager in Holland ausgemacht, das allerdings 288 Euro kosten sollte. Der Firma wurde eine freundliche Mail geschrieben, „ein Herz für Flüchtlinge zu haben und etwas Preisnachlass zu geben", der dankenswerterweise mit 96 Euro Rabatt gewährt wurde. Der Restbetrag wurde von guten Freunden gespendet. Nach zwei Monaten ist Musab wieder beweglich und kann das Haus verlassen. Er ist sehr glücklich und dankbar.

3.3.1 Interreligiöse Faktoren

Bemerkenswert ist, dass die von adventistischen Gemeinden, Helferkreisen und Kooperationspartnern durchgeführten Projekte außerordentlich gut mit anderen Glaubensbekenntnissen und weltanschaulichen Auffassungen zurechtkamen. Dies könnte auch darin begründet sein, dass die Freikirche der STA – selbst eine religiöse Minderheit – auf korrespondierende Erfahrungswerte sensibilisiert ist und diese Sensibilität auch anderen Religionen und Glaubensgemeinschaften zugutekommen lässt. So wurde das Kopftuch prinzipiell nicht beanstandet, vorausgesetzt, es war nicht aufgezwungen worden. Es gab auch keinerlei Kritik, wenn bei Begegnungen, Veranstaltungen oder Ausflügen konservativ eingestellte muslimische Gläubige ihren Gebetsteppich dabeihatten, ihn zu gewissen Tageszeiten ausrollten und – wenn in Abgeschiedenheit nicht möglich – auch öffentlich ihre Gebete verrichteten. Dies kam selten vor und wenn, nahmen es die Ehrenamtlichen ebenso wie weniger konservative Muslime einfach zur Kenntnis: als Ausdruck persönlicher Religiosität und der Freiheit, diese auszuüben. Sie förderten oder kritisierten es nicht. Solange das universale Menschenrecht und die Gleichberechtigung aller Religionsgemeinschaften nicht verletzt wurde, galt das Prinzip der Religionsfreiheit. Sehr selten kam es zu Spannungen mit fundamentalistisch eingestellten Muslimen, die aufgrund ihrer völlig anderen Wertebasis herabsetzende Vorurteile gegenüber Andersgläubigen zum Ausdruck brachten. In einigen Fällen wurde das gleichberechtigte Zusammenleben der Geschlechter infrage gestellt; dann übten die Verantwortlichen Kritik und bemühten sich gegenzusteuern.

Was die Offenheit für einen interreligiösen Dialog betrifft, hängt diese natürlich von dem Interesse der Geflüchteten selbst sowie von den individuellen Einstellungen der Projektverantwortlichen in den lokalen Kirchengemeinden ab. In einigen Projekten wurden Religion und gelebter Glaube stärker thematisiert, in anderen nur beiläufig oder gar nicht. Ein Projekt schenkte allen teilnehmenden Familien, finanziert aus privaten Mitteln, eine Bibelübersetzung in ihrer Heimatsprache mit dem Hinweis, es sei wichtig für die Integration, mehr über den Propheten „Isa" zu erfahren. So kam es einerseits zu intensiven Bibel- und Koranexegesen und sogar zum gemeinsamen Gebet. Andererseits hielt man in gegenseitigem Respekt eine gewisse Distanz, auch aus pragmatischen Gründen: Bei den Fluchtursachen spielten ja auch religiöse Fragen eine Rolle; die damit verbundenen Konfliktkonstellationen sollten nicht zusätzlich strapaziert werden. In einigen Projekten jedoch traten diese interreligiösen Kontroversen aus den Herkunftsländern offen zutage, vorrangig zwischen Sunniten, Schiiten, Jesiden, Kurden und Christen unterschiedlicher Denominationen. In Kapitel 1.3 wurde eine fünftägige Freizeit für Kinder aus einheimischen und Flüchtlingsfamilien erwähnt mit dem Hinweis auf das außerordentliche Vertrauen der Eltern in die Projektverantwortlichen. In der Fremde Kinder an „Fremde" abzugeben – wenn auch nur für einige Tage –, erfordert ein gehöriges Maß an Zuversicht, auch im Hinblick auf die Beibehaltung alltäglicher Rituale und Speisegewohnheiten. Zielgruppe waren vorwiegend afghanische Familien (Sunniten und Schiiten) sowie eine Familie aus dem Irak

(Jesiden). Leider durften die Kinder der jesidischen Familie, die im Irak dem Terror des Islamischen Staates ausgesetzt war, nicht mitfahren; nicht aus mangelndem Vertrauen den Organisatoren gegenüber, sondern aus Angst vor den Sunniten. Auch zwischen sunnitischen und schiitischen Familien konnten aufkommende Konflikte nicht ganz bereinigt werden. Ein Grill- und Spielefest, zu dem alle Familien eingeladen waren, konnte die verhärteten Fronten ein wenig auflockern, aber die betroffenen Mädchen wollten sich nicht wirklich versöhnen lassen. Es bedarf, so die Berichterstattung, einer weitergehenden persönlichen Betreuung, um die mitgebrachten Konflikte vor dem Hintergrund der Erfahrungen von Krieg, Eskalation, Rache und Vergeltung mit Hilfe einer Kultur der Vergebung und Versöhnung zu bearbeiten.
An der erwähnten Freizeit nahmen auch Flüchtlingskinder aus Darmstadt teil, die sich ebenfalls nicht gut mit der durch Nachhilfestunden zusammengewachsenen Gruppe aus Alsbach-Hähnlein vertrugen. Es kam oft zu Streit und Raufereien, die aber nicht als religiös motiviert eingeschätzt wurden. Die Streit suchenden Kinder kamen aus einem dysfunktionalen Umfeld, hatten die Ermordung Angehöriger erlebt und waren unter prekären Bedingungen in einem Flüchtlingslager untergebracht gewesen. Sie waren es nicht gewöhnt, entspannt und friedlich mit anderen Kindern auszukommen.
Bei dieser Ferienfreizeit verloren die jüngeren Kinder im Übrigen unter Anleitung des Teams „1year4jesus"[6] die Angst vor dem Wasser und lernten ein wenig schwimmen und tauchen.

> Der hauseigene Pool bereitete den Kids besonders viel Spaß. Wir mussten allerdings getrennte Schwimmzeiten einrichten, da streng muslimische Mädchen nicht mit Jungs gemeinsam baden dürfen; einige Mädels trugen auch im Wasser eine Kopfbedeckung und waren von Kopf bis Fuß „angezogen".

Das Projekt *Gemeinsames Kochen und Backen* in Berlin-Pankow organisierte im Hinblick auf ein solidarisches Miteinander für Flüchtlingsfrauen unterschiedlicher religiöser und nationaler Herkunft den Einkauf und die Verarbeitung von Lebensmitteln sowie die gemeinsamen Mahlzeiten. Dies gestaltete sich im Hinblick auf eine interreligiöse Verständigung in der Anfangsphase durchaus erfolgreich, bis infolge von Zu- und Wegzug syrische sunnitische Frauen die Oberhand bekamen und gewisse Kontrollansprüche anzumelden begannen. Dabei wurden die schiitischen Frauen aus Afghanistan mehr und mehr verdrängt. Das Projekt musste wegen der nicht zu beseitigenden Missstimmung eingestellt werden, sehr zum Leidwesen der betroffenen afghanischen Frauen, die sich daraufhin in der Flüchtlingsunterkunft einigelten und kaum noch an Integrationsangeboten teil-

6 „1year4jesus" ist ein Projekt der Adventjugend in Deutschland in Kooperation mit der Theologischen Hochschule Friedensau. Es ist als Freiwilliges Soziales Jahr (FSJ) anerkannt und wird durch das Bundesministerium für Familie, Senioren, Frauen und Jugend gefördert. Dieses FSJ zielt auf die Entwicklung von Persönlichkeit, Glauben und Fähigkeiten junger Menschen und beinhaltet das Engagement in sozial-diakonischen und missionarischen Projekten, verbunden mit einer mehrwöchigen Ausbildung an der ThHF.

nahmen. Auf Kosten von Außenkontakten pflegten sie zunehmend nur noch ihre eigene Gruppenhomogenität.
Andere Projekte schildern ein gelungenes Miteinander von Individuen und Gruppen unterschiedlicher Religion, Sprache oder Herkunft, erwähnen aber auch die Hypothek einer problematischen Vorgeschichte, die hierzulande keinen ungetrübten Umgang miteinander oder gar Freundschaften aufkommen ließ. Als Geflüchtete mit ihrer belasteten Vergangenheit, ihren Sorgen und ihrer ungewissen Zukunft, aber auch mit ihren Hoffnungen und Chancen saßen Jesidinnen, Schiiten, Sunniten und Christinnen zwar weiterhin im selben Boot; darüber hinaus allerdings zeigten diese Gruppierungen wenig Neigung, Integration als ihr *gemeinsames* Vorhaben anzusehen.

3.3.2 Frauen für Frauen

Frauen sind für Frauen vertrauenswürdigere Ansprechpersonen, so steht es in der Broschüre „Gemeinsam für Flüchtlinge“ mit dem Hinweis auf kulturelle Sensibilität bezüglich der Nähe und Distanz zwischen Mann und Frau in ihren dominanten oder untergeordneten Positionen in Familie und Gesellschaft. Frauen haben sich entsprechend stark für Frauen eingesetzt – in Schule und Beruf, beim Fahrradfahren und Schwimmen, bei Arztbesuchen und beim Schaffen eines vertrauensbildenden Settings für Beratungen, zum Beispiel in reproduktiver Gesundheit. Allein das Unter-sich-Sein schafft für Frauen den erforderlichen Rahmen, Vertrauen zueinander zu gewinnen. So organisierten Studentinnen der Theologischen Hochschule Friedensau in der gemütlichen Atmosphäre des Studentenzentrums auf dem Campus einen „Mädchentreff“ unter Gleichaltrigen, der ohne unerwünschte Zuhörer eine Aussprache über sensible Themenbereiche ermöglichte.
Schwimmen ist hierzulande eine Alltagskompetenz, die sich Kinder spätestens mit dem schulpflichtigen Sportunterricht aneignen. Muslimische Frauen dagegen haben in dem konservativen Umfeld ihrer Herkunftsländer kaum Möglichkeiten, Badefreuden zu genießen und schwimmen zu lernen. Umso größer ist ihr Interesse, das bislang Versäumte in ihrer neuen Umgebung nachzuholen – unter der Voraussetzung, dass dies mit der eigenkulturellen Norm einer Ganzkörperbedeckung (Burkini) möglich ist. Beim „Schwimmen nur für Frauen“ im Badehaus Nordhausen überwanden Frauen ihre Scheu vor dem Wasser und das teilweise verinnerlichte Vorurteil, dass Schwimmen nichts für sie sei:

> Für die Meisten war es der erste Besuch eines Schwimmbades überhaupt. Der Schwimmkurs fand außerhalb der offiziellen Öffnungszeit des Badehauses statt und auch nur mit weiblichem Servicepersonal. Die Bewegung im geschützten Raum war zumindest in der Anfangsphase hilfreich, alle möglichen Vorbehalte aus der Herkunftskultur zu überwinden. Umso ausgelassener spielten die Frauen wie Kinder im Wasser. Von den zahlreichen Anmeldungen für einen richtigen Schwimmkurs unter professioneller Anleitung wurden im Jahr 2018 zehn Frauen ausgewählt, welche einerseits regelmäßig den Vorbereitungskurs besuchten und andererseits den

> Schwimmkurs aus eigenen Mitteln nicht hätten finanzieren können. Finanziert wurde die Aktion mit Zuschussmitteln der Stiftung „Thüringen hilft" und mit Spendengeldern. Der hohen Nachfrage wegen wurden weitere Schwimmkurse außerhalb der offiziellen Öffnungszeiten angeboten, für die ein männlicher Bademeister organisiert wurde. Für die Frauen war es bereits ein großer Schritt, diesen zu akzeptieren. Alle Teilnehmerinnen haben die Schwimmkurse erfolgreich abgeschlossen. Im Anschluss daran wurden im kleinen Familienverbund verschiedene Schwimmbäder außerhalb der Stadt Nordhausen aufgesucht – jeweils ein deutsches Ehepaar als Betreuer mit zwei untereinander befreundeten ausländischen Familien. Dieser Kreis wurde permanent erweitert und im Sommer 2018 wurden sogar mehrere öffentliche Freibäder mit größeren Gruppen gemeinsam besucht. Neben der Festigung der Schwimmfertigkeiten war insbesondere das Baden in der Öffentlichkeit ein wichtiger Lernprozess. Erstmals besuchten Familien gemeinsam (Vater, Mutter, Kinder) das Bad. Erfreulicherweise kann festgestellt werden, dass vor allem im Badehaus Nordhausen andere Badegäste sich nicht befremdet gegenüber der besonderen Badebekleidung der Frauen zeigten. Auch dies festigte das Selbstverständnis unserer nun angekommenen Frauen, sodass davon auszugehen ist, dass zukünftig diese Familien auch selbständig Schwimmbäder besuchen und das gemischte Baden als normal akzeptieren werden. Nicht nur für Frauen, auch für Kinder und Jugendliche ist es erforderlich, das Schwimmen zu erlernen, da viele von ihnen über das Alter des Schulschwimmens bereits hinaus sind (Projekt *Deutsch für den Hausgebrauch*, Nordhausen).

Die Zivilgesellschaft betrachtet das Kopftuch, wie weiter oben angeführt – vorausgesetzt, es wird freiwillig getragen –, als einen Teil lebensweltlicher Normalität. Diese Hinwendung zum Alltäglichen lenkt den Blick auf das Notwendige: Auch Frauen, die ihre Haare vor der Öffentlichkeit verbergen, benötigen hin und wieder eine Frisörin. Besonders im kleinstädtischen oder ländlichen Umfeld gibt es für Kopftuch tragende Muslima kaum Möglichkeiten, sich professionell die Haare schneiden zu lassen. Die Frauengruppe des Projekts in Sonneberg betreute eine Teilnehmerin, die im Iran das Handwerk der Frisörin gelernt hatte und anbot, Frauen die Haare zu schneiden und zu frisieren, was sehr gern angenommen wurde. Auch der Raum der Adventgemeinde Mainz, in dem normalerweise Gottesdienste, Pfadfinderveranstaltungen, Begegnungscafés und Bibelkreise stattfinden, wurde kurzerhand in einen provisorischen Frisörsalon umgewandelt – mit Spiegeln aus dem Haus eines Gemeindemitglieds.

> Unter dem Motto „Frisöre schenken einen Haarschnitt" hat ein Team des Friseursalons „Abschnitt 24" für Teilnehmer des *Café Kontakt* und Hilfsbedürftige der Stadt im Frühjahr 2018 einen ganzen Sonntag lang Haare geschnitten. Für Frauen, die ein Kopftuch tragen, wurde durch Trennwände ein abgeteilter Bereich eingerichtet. Zu der Aktion gab es in der Mainzer Zeitung sowohl eine Ankündigung als auch einen Bericht. Ebenso wurde vom SWR ein Bericht gesendet.

Der Einsatz von Frauen für Frauen hatte es mit komplexen Konstellationen zu tun. Frauen wurden danach Zeuginnen von Frauen, die das demokratische Angebot oder die rechtliche Anforderung ihrer Gleichberechtigung gern in Anspruch genommen hätten oder nahmen, aber ebenso von einer Minderheit von Frauen, die sich auch in ihrem neuen Umfeld den Ansprüchen eines traditionellen Patriarchats bereitwillig unterstellten. Verheiratete Frauen und heranwachsende Töchter hatten weltoffene Ehemänner und Väter, die eine Emanzipation von herkömmlichen Rollenbildern begünstigten, aber auch konservativ bis fundamentalistisch eingestellte Familienoberhäupter, die sich dieser vehement entgegenstellten. Manche Männer setzen die Emanzipation der Frau mit einer Entfremdung von übergeordneten Werten gleich und sind nicht bereit, ihre Vormachtstellung als Hüter derselben aufzugeben. Daraus folgt eine kritische Einstellung gegenüber demokratischen Grundwerten. In den meisten Familien jedoch ergab sich im Zuge der Vorteile, an der Mehrheitskultur zu partizipieren, und der Anforderung, sich zu integrieren, eine graduelle Anpassung an die Spielregeln der Gleichberechtigung, die freilich nicht ohne Konflikte verläuft.

Jedenfalls kann nach dem Projektbericht Nordhausen festgehalten werden, dass besonders Frauen mit einer muslimischen Herkunftstradition offen sind für einen anderen Lebensstil in Deutschland:

> Sie würden gerne wie deutsche Frauen Theater, Kino und Konzerte besuchen, aber abgesehen von fehlenden finanziellen Mitteln wird dies seitens ihrer Männer nur bedingt toleriert. Hier ist die Angst vor dem Gerede „echter Muslime" sehr hoch und setzt sie moralisch unter Druck. Zudem entwickeln sich Frauen in ihrem neuen Umfeld auch in ihrer Persönlichkeit, sie werden viel selbstbewusster. Damit stoßen sie an Grenzen in ihrer Partnerschaft, da viele Männer mit selbstbewussten Frauen nicht umgehen können. Diese Konfliktsituation führt dazu, dass Frauen Überlegungen äußern, ihre Partnerschaften (meist gibt es ja keine Heiratsdokumente) zu beenden. Bei den vielen alleinerziehenden Müttern und offenen Partnerschaften in Deutschland geraten sie leicht unter den Einfluss einer gewissen Unverbindlichkeit – hier wäre eine Paarberatung dringend nötig oder eine professionelle Begleitung der Männer, damit diese mit dem neuen Frauenbild zurechtkommen (Schläge sind tabu!). Andererseits kommt es vor, dass Frauen den Schutz der Familie nicht genug schätzen, ihr Freiheitsstreben geht sehr weit.

Der verantwortungsvolle Umgang mit der Freiheit will erlernt sein, auch von Frauen, so lässt es der Bericht durchblicken.

Was das Patriarchat und die Einstellung zum anderen Geschlecht betrifft, so bekunden Geflüchtete selbst, dass sie des Öfteren mit den kulturellen Unterschieden zwischen Herkunfts- und Zielland überfordert sind und sich mehr Aufklärung wünschen. So äußerte ein heranwachsender afghanischer Flüchtling in einem Interview im *Café X-Change* in Hamm den Wunsch, mehr Wissen darüber vermittelt zu bekommen, wie man sich im Rahmen der Gleichberechtigung dem anderen Geschlecht nähert, wie Bekanntschaften respektvoll eingegangen und Freundschaften geführt werden. Die neuen Freiheiten des Abendlandes werden durch die Prägung einer völlig anderen Sozialisation im Herkunftsland oft missverstanden, was Fehlverhalten zur Folge hat. Allerdings sind einige auch nicht bereit, die Vorzüge althergebrachter patriarchaler Traditionen aufzugeben. Ein Projektverantwortlicher erwähnt in diesem Zusammenhang eine Gruppe junger Männer unter seinen Schutzbefohlenen, die, was ihre lebenspartnerschaftliche Zukunft anging, sich weniger um eine Ausbildung mit dem Ziel der Selbständigkeit

bemühten, um einer Zukünftigen etwas bieten zu können, als vielmehr um eine Braut, die bereit ist (oder deren Angehörige es sind), den traditionellen Brautpreis als Grundlage für ein hinreichendes Auskommen zu zahlen.
Vereinzelt wurden Projektverantwortliche auch Zeugen familiärer Gewalt. In manchen Fällen konnte dies intern besprochen und einvernehmlich geklärt werden, ohne es an die große Glocke zu hängen. Daneben nahmen die Ehrenamtlichen auch sozialtherapeutische Funktionen in Familien wahr, die im Zusammenhang mit Gewaltvorkommen polizeilich erfasst worden und den Behörden bekannt waren; rechtskräftige Entscheidungen wurden getroffen, zum Teil aber nicht eingehalten. Ein Begegnungscafé betreute eine junge Frau, die in ihrem Herkunftsland im Alter von 14 Jahren eine Ehe eingegangen und mit ihrem Mann nach Deutschland geflohen war. In ihrer neuen Heimat nun inspirierten sie die Angebote schulischer und beruflicher Selbstverwirklichung; sie begann sich zusehends von ihrer Vergangenheit zu lösen und als selbständige Frau zu emanzipieren – sehr zum Missfallen ihres Partners, der den Verlust seiner Machtkontrolle mit Hilfe von Gewalt wiederherstellen wollte. Die richterlichen Auflagen, zu seiner Frau Abstand zu halten, hatte er des Öfteren missachtet. In der Folge wurde den ehrenamtlichen Projektmitarbeiterinnen zusammen mit der Polizei eine Schutzfunktion übertragen. Inzwischen ist der alte Ehevertrag mit der Minderjährigen aufgelöst, die junge Frau ist frei und der Mann hat wieder geheiratet. In diesem Zusammenhang soll nicht unerwähnt bleiben, dass die Polizei in einem demokratischen Rechtsstaat für die Bürgerinnen und Bürger eine Beschützerfunktion innehat und dass Geflüchtete in der Regel keine Angst vor willkürlicher oder grenzüberschreitender Machtausübung seitens der uniformierten Ordnungshüter haben müssen.

3.3.3 Fußball mindert Berührungsängste und schafft Teamgeist

Geflüchtete sind immer dankbar, wenn sie dem Alltag zumindest für eine kurze Zeit entkommen, ihre Sorgen hinter sich lassen und etwas ganz anderes erleben können. Im Rahmen eines Projektangebots besuchten zwölf Flüchtlinge aus Syrien und zwei Begleitpersonen das erste Bundesligaspiel des Jahres 2019 im Berliner Olympiastadion (Hertha BSC gegen FC Schalke 04). Obwohl frostige Temperaturen herrschten, stellte die wachsende Begeisterung unter Beweis, dass junge und ältere Geflüchtete einen regelrechten „Hunger“ auf besondere Ereignisse haben. Besonders die jungen unter ihnen beteiligten sich enthusiastisch – die Schlachtrufe hatten sie sich sehr schnell angeeignet – und waren bei Treffern von Hertha BSC nicht mehr auf ihren Sitzen zu halten. In der Halbzeit kam der Stadionsprecher aus einem besonderen Anlass auf einige Einzelheiten der unrühmlichen Geschichte von Hertha während der Zeit des Nationalsozialismus zu sprechen, verbunden mit einem konsequenten Bekenntnis des Clubs, keinen Rassismus in den eigenen Reihen mehr zuzulassen. Diese Bekenntnisse eines Fußballclubs über die Fehlleistungen der eigenen Geschichte und die daraus gezogenen Schlussfolgerungen wurden auch zu einer Lehrstunde für die Geflüchteten, von denen hierzulande ja eine eindeutige Positionierung für den demokratischen Wert der kulturellen Vielfalt und Gleichberechtigung erwartet wird. Dies ist besonders im Blick auf den muslimischen Antisemitismus aus der Herkunftstradition relevant. Im Folgenden ein Zitat aus der Facebook-Seite von Hertha BSC:

> Nein zu Rassismus! Das Gefühl, diskriminiert zu werden, kennen auch unsere Spieler. Sie kennen aber auch die Kraft des Fußballs, der ein Gefühl von Zusammenhalt vermittelt. In Berlin kannst du alles sein. Außer Rassist.

Ein Projektbericht vermerkt: „Fußball ist ein internationaler Sport, dessen Spielregeln allgemein bekannt sind. Von daher bedarf es keiner großen Erklärungen und auch keiner Sprachkenntnisse, um Fußball zu verstehen oder zu spielen." Nicht nur auf der Ebene von Weltmeisterschaften und zwischenstaatlichen Turnieren, auch auf einem Dorffußballplatz mit gemischten Teams eignet sich dieser Sport zur Völkerverständigung. In verschiedenen der aufgeführten Projekte, die Fußballspiele organisierten, kam es aufgrund des Mangels an Spielern zu nicht homogen zusammengesetzten Mannschaften; dies wäre auch für die Förderung der interkulturellen Idee gar nicht erwünscht gewesen. So spielten wahlweise verschiedene Nationalitäten und Religionen zusammen in einer Mannschaft und lernten dabei trotz der angestammten und zum Teil konfliktträchtigen Unterschiede einen sportlichen Teamgeist zu entwickeln, der schließlich auch außerhalb der Sportveranstaltungen Bestand haben sollte. „Zahlreiche Konflikte ethnischer Gruppen konnten zunehmend überwunden werden, es sind kulturübergreifende Freundschaften entstanden." Im Folgenden weitere Zitate aus dem Projekt *Erlebnis Sport* (Hannover):

> Der erlebnispädagogische Ansatz (des Fußballs) ermöglichte auch bei unterentwickelten Artikulationsmöglichkeiten im Rahmen sozialer Verbundenheit eine Stärkung körperlicher und mentaler Kräfte, das Zurechtkommen mit Grenzerfahrungen bei der Konfrontation mit Ängsten und anderen Emotionen sowie das Erleben und Verstärken von Selbstwirksamkeit auf spielerische Weise. Das gilt nicht nur für die Jugendlichen selbst, sondern auch für Repräsentanten der Ankunftsgesellschaft, die durch das Projekt mit den Jungs in Kontakt kamen. Auch für sie war die Begegnung und Interaktion durch Sport und Erlebnis ein wesentliches Vehikel zur Überbrückung kultureller und sprachlicher Distanzen. Wir haben Kontaktflächen der Integration geschaffen, die Berührungsvorbehalte und Vorurteile auf beiden Seiten abbauen konnten. Im weiteren Verlauf des Projekts haben sich durch das gestiegene Sprachniveau auch die Planungs- und Organisationsabläufe erheblich verbessert. Die Jugendlichen konnten auch viel aktiver mitgestalten und ihre Ideen einbringen. Auch die Erlebnisverarbeitung konnte zunehmend in der Gruppe versprachlicht werden, was die gemeinsamen Erfahrungen und Erinnerungen noch intensivierte ... Im Teamspiel sind Fairplay, konstruktiver Spielaufbau, Mut, Selbstvertrauen und emotionale Selbststeuerungsfähigkeiten auf ein hohes Niveau gewachsen.

Der Bundesligaverein 1. FSV Mainz 05 beschäftigt bei jedem Heimspiel Ordnungskräfte. Deren Aufgabengebiet ist vielfältig: Sie kontrollieren beim Einlass Personen und mitgeführte Gegenstände, überwachen Besucherströme und bieten Hilfeleistungen an. Weiterhin schirmen sie den Bühnen- und Backstage-Bereich ab, sie sichern und kontrollieren Notausgänge und Wege für Rettungswagen und Feuerwehr. Die Mitarbeiter im Ordnungsdienst tragen eine entsprechende „Dienst"-Kleidung und sorgen allein durch ihre Präsenz für Ruhe und Ordnung.

> Das Vereinsmanagement ist sehr offen gegenüber Flüchtlingen und stellt diese auch als Ordnungskräfte ein. Durch einen Kontakt zu den Verantwortlichen konnte das Projekt *Café Kontakt* in Mainz jeweils in Gruppen Flüchtlinge verschiedener Nationalitäten zu den Vorstellungsgesprächen begleiten. Nach Feststellung der Eignung und Klärung der polizeilichen Führungszeugnisse wurden sie in ihre Funktionen eingearbeitet und auch im Erlernen des erforderlichen Wortschatzes unterstützt. Über die Projektlaufzeit wurden ca. 65 Teilnehmer als Ordnungskräfte beim Fußballverein Mainz 05 vermittelt. Diese Ordnungsdiensttätigkeit ist für die Geflüchteten nicht nur ein Job, um Geld zu verdienen. Sie identifizieren sich stark mit der Stadt Mainz und sind sehr stolz auf diese Tätigkeit (Projektbericht *Café Kontakt*, Mainz).

3.3.4 Musik verbindet, schenkt Freude und überwindet Grenzen

Der Musik wird zu allen Zeiten der Menschheitsgeschichte eine erbauende, tröstende und sogar heilende Wirkung zugesprochen. Das Zusammenspiel von Melodie, Rhythmus und Harmonie, von Gesang und Instrumenten mag sich auch harmonisierend auf Gefühlslandschaften auswirken, vor allem im Hinblick auf trübe, depressive Stimmungen.[7] Die noble Idee, Geflüchteten mit klassischer Musik ein anspruchsvolles Medium für die Erbauung der Sinne anzubieten, um damit einen kultivierten Ausstieg aus dem Alltag zu ermöglichen, führte dagegen im Darmstädter Projekt nicht zum Erfolg. Es mag an der Fremdartigkeit der westlichen Klassik für orientalische Hörgewohnheiten der Zuhörerschaft gelegen haben, dass sich keine Ruhe und kein Wiedererkennungswert einstellten. Ebenso kann eine belastete Einstellung zur Musik überhaupt eine Rolle gespielt haben, ausgelöst durch negative Erinnerungen aus dem Herkunftsland, in dem der Islamische Staat zumindest zeitweilig jegliches Musizieren hart bestrafte. Jedenfalls wirkte das immer lauter werdende Reden und Lachen während des Konzerts auf westliche Betrachter befremdlich, es wurde als störend empfunden. Möglicherweise fungierte es auch als eine Art Ventil, als eine andere Form von Entlastung, um den Alltag für eine Weile zu vergessen. Die Integration der aufkommenden Geräuschkulisse in ein mit menschlichen Lauten angereichertes „Gesamtkonzert", etwa nach der Vorlage eines John Cage mit seinen diskontinuierlichen Lautfolgen, war nicht zu leisten. Auch bestand wenig Interesse am Erlernen eines Musikinstruments.

---

7 Musik kann auch einer friedlichen Konfliktbearbeitung dienen. Daniel Barenboim und Edward Said gründeten 1999 das West-Eastern Divan Orchestra, das aus israelischen und arabischen Musikern besteht und das mit klassischer Musik zur Völkerverständigung einen Beitrag zu leisten versucht. Jordi Savall zelebrierte im Mai 2019 mit jüdischen, muslimischen und christlichen Musikerinnen und Instrumenten aus dem Mittelmeerraum in der Dresdner Frauenkirche eine „Hommage an Syrien," womit syrische Menschen und Geflüchtete gemeint sind. Auch seine Konzertreihen laufen mit einem eher orientalischen Duktus auf eine interzivilisatorische Harmonisierung hinaus.

Weniger klassisch ging es auf der „Refugees Welcome Party“ am 19. März 2016 im Gewölbekeller der Zitadelle in Mainz zu. Einmal alle Sorgen vergessen und über kulturelle Grenzen hinweg feiern, tanzen und lachen – das war das Ziel dieses Events. Etwa 50 Geflüchtete und Einheimische hatten dabei großen Spaß. Nicht nur zu den aktuellen internationalen Charts, auch zu den stimmungsvollen Rhythmen arabischer, albanischer und afrikanischer Musik wurde fröhlich und ausgelassen getanzt. Am Ende lagen sich die Feiernden in den Armen – zur Melodie von „We are the world, we are the children, we are the ones who make a brighter day …“.

Das Projekt in Mainz berichtet von einem Höhepunkt im Jahr 2017, von einer Feier am 6. Dezember, zu der ein internationaler Chor eingeladen worden war. In einem Saal, mit 180 Personen prall gefüllt, wurden Lieder auf Arabisch, Kurdisch und Deutsch angestimmt. Darunter waren bekannte „Sehnsuchts“-Lieder, die voller Begeisterung, aber auch mit Wehmut mitgesungen wurden. Die Musik zeigte sich hier von ihrer verbindenden, tröstenden und Freude schenkenden Seite und schuf emotionale Eintracht unter den Anwesenden.

Das Singen von Liedern hat sich bei der Betreuung von Flüchtlingskindern als ein starkes Medium für gemeinschaftliche Sinnstiftung erwiesen. Zunächst hilft das Einbauen von Liedern, den Programmabläufen regelmäßiger Zusammenkünfte eine Struktur zu geben: mit Begrüßungs- und Bewegungsliedern, Singspielen zum Aufräumen sowie Liedern zum Abschied. Weiterhin können Kinder aus unterschiedlichen Herkunftsländern mit dem Vertrautwerden von zwar fremdem, aber regelmäßig wiederholtem Liedgut eine sprachliche und kulturelle Beheimatung erfahren: Man singt miteinander ein Lied, irgendwann trifft man die Töne auch allein. Die Strophen prägen sich ein, werden zu eigenem Besitz verinnerlicht und schließlich auch aus eigenem Antrieb angestimmt. Lieder stimmen auf Tages- und Jahreszeiten ein, auf weltliche und religiöse Feierlichkeiten und transportieren freudige wie auch traurige Gefühlswelten. Das gemeinsame Singen mag auch traumatisierten Kindern eine emotionale Brücke zu einer ausgewogeneren Stimmung schlagen (aus Berichten des *Kindertreffs für Flüchtlinge* in Böblingen).

Die *LeseInsel Südstadt* in Hannover unterstützt die Aneignung von Liedgut mittels Orff-Instrumenten. Das sind elementare, einfach zu handhabende Rhythmus- und Klanginstrumente, wie zum Beispiel Glockenspiele, Triangeln, Rasseln oder Trommeln. Mit ihnen können sich Kinder ausprobieren, Klänge erforschen und gelangen ohne langwierige Übe-Einheiten schnell zu ermutigenden Erfolgserlebnissen. Beim gemeinsamen Musizieren wird darauf geachtet, dass Kinder, die schon länger dabei sind und gegebenenfalls über eine größere musikalische Erfahrung verfügen, spielerisch die Funktion der „Lehrenden“ übernehmen und die weniger Klangerprobten anleiten. Das erhöht den Spaßfaktor und lässt die Anstrengung, „richtige Töne“ treffen zu müssen, in den Hintergrund treten. Die Freude am gemeinsamen Musizieren regt die Kreativität an, stärkt die Wahrnehmung, lässt das Miteinander wachsen und fördert den Spracherwerb.

Die Adventgemeinde Berlin-Waldfriede veranstaltete in den Herbstferien des Jahres 2016 eine Kindermusical-Woche unter dem Thema: „Petrus – Vertrauenssache", an der 58 Kinder teilnahmen:

> Eine Woche lang haben wir uns jeden Tag musikalisch, schauspielerisch, kreativ und auch auf nachdenkliche Art mit der Geschichte von Petrus beschäftigt. Ein tolles Thema, um nicht nur das eigene Vertrauen auf Gott zu stärken, sondern auch den Eltern und Gästen den Gott der Liebe näherzubringen. Besonders berührt hat uns, dass dieses Jahr mehrere muslimische Kinder und Jugendliche aus unserem Flüchtlingshilfeprojekt dabei waren. Jeden Tag blühten sie ein wenig mehr auf und sangen sogar die christlichen Texte fröhlich mit (Seefeldt 2017: 8).

Das Projekt *Gemeinsam kreativ sein* in Berlin-Pankow nutzte ebenfalls die Gelegenheit einer Kindermusical-Freizeit der örtlichen Adventgemeinde. Kinder von Geflüchteten nahmen mit großer Freude daran teil; ein syrischer Vater wirkte als Kostümschneider mit.

Integration bedeutet nicht nur, für sich selbst Sorge zu tragen und auf eigenen Beinen stehen zu können, sondern auch für andere da zu sein und sich um ihre Belange zu kümmern. Das Projekt *Singen für Senioren* in Schweinfurt engagierte syrische Musiker und Flüchtlingskinder für ein musikalisches Stelldichein in einem Seniorenheim, das dankbar angenommen wurde:

> Wenn erwachsene Flüchtlinge im Begegnungscafé Unterstützung erhielten, zum Beispiel beim Ausfüllen von Formularen, mussten auch die vielen Kinder beschäftigt werden, die ansonsten gelangweilt herumsaßen und deren einzige Beschäftigung das Handy der Eltern war. Daher beschlossen wir Spielenachmittage anzubieten, aus denen schließlich Singnachmittage wurden. Mit Unterstützung von musikalischen Freunden lehrten wir die Mütter und Kinder das Singen von Bewegungsliedern, christlichen Liedern und bekannten Volksliedern sowie Texte zu lesen beziehungsweise auswendig zu lernen. Die Ausdauer und Freude der Kinder war bewundernswert. Mit viel Elan verwendeten sie auch Orff-Instrumente. Einige syrische Jugendliche brachten mit ihren Instrumenten auch arabische Musik ein. Vor Jahren hatten wir einen christlichen Singkreis für Senioren, der leider nach einigen Auftritten zerfiel. Jedenfalls kam es zu der Idee, in einem Seniorenheim ein internationales Musikprogramm anzubieten, was dann wie geplant auch durchgeführt wurde. Da es an unserm Ort neben freundlich gesinnten ehrenamtlichen Helfern ebenso Vorurteile und Ablehnung den Asylanten gegenüber gibt, sahen wir mit Spannung und Gebet dem Auftritt entgegen. Es war der Herbst 2015. Wir hatten Kastanien, Eicheln, Hagebutten und anderes gesammelt und bastelten mit den Kindern und Jugendlichen kleine Geschenke für die Seniorinnen und Senioren. Dann kam dieser Sonntag im November, der erste Auftritt. Etwa 30 Senioren waren da. Wir bekamen wohlwollenden Beifall und nur eine kritische Bemerkung bezüglich der ausländischen Musik. Das machte uns Mut und so haben wir über die Zeit mehrere Programme eingeübt und angeboten. Selbst ein kleines Musical mit Verkleidung und Anspiel war dabei.

Das Projekt mit dem signifikanten Titel *WeSpeakMusic* wurde von der Musikpädagogin Sylvia Lawaty in und um Lüneburg initiiert. Es bietet geflüchteten und einheimischen Musikerinnen und Musikern eine Plattform zum gemeinsamen Musizieren. Inzwischen hat sich eine Gruppe mit einem festen Korpus herausgebildet, die für Erweiterungen offen ist und Mitspielende auch auf Zeit integriert. Die Gruppe kommt regelmäßig zum Üben zusammen und gibt öffentliche Konzerte. Bis Ende 2018 fanden 15 Konzerte statt.[8] Die ursprüngliche Kontaktaufnahme mit geflüchteten Musikern kam bereits 2014 in Flüchtlingsunterkünften zustande, in denen Sylvia Lawaty Gesangskonzerte zum Aufhellen des eintönigen Alltags gab. Musiker und am Musizieren Interessierte meldeten sich – hauptsächlich junge Männer aus Syrien, dem Irak und dem Iran –, zogen andere nach und bildeten eine auf Weltmusik ausgerichtete Formation.

Vor dem Hintergrund, dass der IS sämtliche Formen des Musizierens als unislamisch ächtete und mit der Todesstrafe bekämpfte, hat das gemeinsame Konzertieren eine weiter reichende Bedeutung als bloßes „miteinander Musizieren". Man hört aufeinander, stimmt sich aufeinander ein und erzeugt zusammen klangliche Harmonie. Das hilft depressiven Grundstimmungen zu entkommen, vermittelt nach innen und nach außen Werte der Freiheit und des Friedens und weist in der Fusion östlicher und westlicher Klangwelten darauf hin, woher man kommt, wo man angekommen ist und wohin man noch gehen will. Musikerinnen haben eine besondere Sehnsucht, nicht nur für sich, sondern auch für andere zu spielen; die Geflüchteten haben ja ihre angestammte Bühne verloren. So versuchen sie in der Suche nach sich selbst und den anderen etwas zu vermitteln, mit der Zuhörerschaft zu kommunizieren und zwischen Vergangenheit und Gegenwart, zwischen traditionellen Inhalten und neuen Ausdrucksformen eine Synthese zu bilden. Zu den Konzerten kamen an die 100 Geflüchtete, die sich von der besonderen Gestimmtheit weltmusikalischer Zusammengehörigkeit begeistern ließen.

Natürlich gestaltete sich die Organisation einer konzertfähigen Gruppe aus geflüchteten Musikerinnen und Musikern verschiedener Länder mit ihren persönlichen Herkunftsgeschichten und Einzelschicksalen nicht problemlos. Fehlende Motivation, die Proben zu besuchen, nicht angekündigtes Fernbleiben oder Zuspätkommen selbst bei Konzerten stellten die Frustrationstoleranz der Projektverantwortlichen ordentlich auf die Probe. Letztlich haben diese Erfahrungen aber bei den Verantwortlichen einen Lernprozess hin zu mehr Gelassenheit angestoßen, zu mehr Flexibilität und Achtsamkeit und eine höhere Bereitschaft bewirkt, sich in die besondere Lebenssituation der Geflüchteten einzufühlen. Terminliche Unzuverlässigkeit etwa wird dann auch vor dem Hintergrund der ständigen Sorge um das Dasein betrachtet und beides zueinander ins Verhältnis gesetzt. Auch geflüchtete Musiker setzen ihre Prioritäten, sie haben familiäre Verantwortung, belegen Deutschkurse und sind in anderen Integrationsprogrammen involviert, sodass sie zeitlich gut ausgelastet sind. Doch inzwischen hat sich dieser Klangkörper selbständig organisiert und ist zum vertrauten Bestandteil der lokalen Szene geworden. Die Gruppe bekommt Aufträge, spielt bei besonderen Anlässen und hat sich mit zunehmender Integration eine eigene Einkommensquelle erschlossen. Ein Musiker

8 Siehe die Webseite von Sylvia Lawaty: https://www.lawaty.de/index.php/we-speak-music.html

aus dem Iran, dem nach Ablehnung seines Asylantrags die Abschiebung drohte, ist allerdings an einen unbekannten Ort verzogen.
Bei den ersten Kontaktaufnahmen in Flüchtlingsunterkünften wurde auch der Versuch unternommen, Interessierte, die kein Instrument spielten oder weniger musikalisch waren, in einen bestehenden Chor zu integrieren. Besonders Frauen wurden zum Mitsingen motiviert. Eine junge Geflüchtete aus dem Iran, die im Übrigen auch vor ihrem Mann auf der Flucht war, zeigte besonderes Interesse, hatte aber für das Singen in der Gruppe weder die Stimme noch die Übung. Die junge Frau traf des Öfteren nicht den Ton und sang etwas zu laut. Sie ließ sich aber nicht entmutigen, im Gegenteil: Die fortlaufende Kritik diente ihr als Ansporn, fleißig weiter zu üben und besser zu werden. Kurzum, sie wurde nicht nur ein fester Bestandteil des Chores, sondern übernahm zu einem späteren Zeitpunkt – nach Feststellung ihrer besonderen Eignung – sogar die Gesangs-Hauptrolle in einem musikalischen Theaterstück.
Geflüchtete brachten sich mit zunehmender Partizipation auch inhaltlich in den vielstimmigen Chor ein. So wurde auf Veranlassung der erwähnten jungen Frau hin ein Musikstück über den Frieden in vier Sprachen gesungen: auf Deutsch, Englisch, Arabisch und Persisch. Zwei Musiker aus dem Iran und aus Syrien sind auf Vermittlung der Projektverantwortlichen inzwischen als Honorarkräfte an der Volkshochschule Lüneburg angestellt, um den Chor zu begleiten und ihn sogar bei Abwesenheit der Chorleiterin zu leiten.

3.3.5 Mobilität erschließt Räume und bringt Menschen zusammen

In den meisten muslimischen Herkunftsländern im Nahen und Mittleren Osten ist das Fahrrad ein vor allem von Frauen weniger genutztes Verkehrsmittel; für sie besteht sogar ein Fahrverbot. Von daher ist verständlich, dass diese Frauen das Fahrradfahren hierzulande als einen Akt der Emanzipation erleben. Viele beherrschen es noch gar nicht und müssen sich diese Alltagskompetenz erst erwerben. Einige Projekte versorgten Teilnehmerinnen und Teilnehmer mit Fahrrädern für den Alltag, gaben etwas Verkehrsunterricht, halfen bei Reparaturen und organisierten Fahrradtouren.
Die *Fahrradwerkstatt für Flüchtlinge* in Bad Honnef, die vielen Geflüchteten zur Mobilität verhalf, entstand aus dem *Café International* am selben Ort, das Begegnungsmöglichkeiten für Flüchtlinge und Einheimische organisiert hatte. Bei den gemütlichen und informativen Zusammenkünften kam zutage, dass manche Flüchtlinge, die etwas außerhalb des Stadtgebietes untergebracht waren, Schwierigkeiten hatten, an den beliebten Treffen teilzunehmen. Überhaupt wurde die mangelnde Mobilität beklagt und indirekt der Wunsch geäußert, ob man nicht mit Fahrrädern versorgt werden könne. Daraus entstand eine „Fahrrad-Wunschliste", in die sich Flüchtlinge eintragen lassen konnten. Parallel dazu erging ein Aufruf an die Öffentlichkeit, Fahrräder zu spenden. Mit den eingegangenen Rädern konnte die Wunschliste nach und nach abgearbeitet werden. Manche von ihnen waren in einem reparaturbedürftigen Zustand, doch auch die intakten benötigten nach

intensivem Gebrauch Wartung und Instandhaltung. Daraus entstand eine Fahrradwerkstatt, zunächst auf Eigeninitiative des Projektverantwortlichen in seiner privaten Garage. Nachdem durch mediale Berichterstattung, Vernetzung der Projektaktivitäten mit anderen Initiativen und gute Kontakte zur Stadtverwaltung das Projekt öffentlich geworden war, reagierte das Sozialamt und stellte für die Fahrradwerkstatt ein leerstehendes Gebäude mit großer Außenfläche zur Verfügung. Mit dem inzwischen genehmigten Antrag und der Förderung des Projekts durch das Aktionsbündnis „Gemeinsam für Flüchtlinge" wurden Ersatzteile auf dem günstigen Internetmarkt eingekauft. Zudem profitierte die Werkstatt vom Konkurs zweier Fahrradgeschäfte in Bad Homburg, die in dieser Zeit ihre Läden schließen mussten und ihren gesamten Bestand an Werkzeugen sowie ihr Ersatzteillager großzügig der Flüchtlingshilfe spendeten. Dieser unerwartete Zugang erhöhte das Leistungsvermögen der Werkstatt substanziell. Nun konnten auch ältere Räder mit neu- und hochwertigen Ersatzteilen ausgestattet und nutzbar gemacht werden.

Unter der Bevölkerung Bad Honnefs wurde das Projekt auch durch Zeitungs- und Internetberichte sowie Radiosendungen des Bürgerfunks „Bonn-Rhein-Sieg" bekannt, was die Spendenbereitschaft erhöhte. Neben älteren Modellen wurden auch viele neuwertige Fahrräder abgegeben, darunter sogar zwei E-Bikes. Das städtische Fundbüro versorgte die Fahrradwerkstatt ebenfalls mit 30 Rädern, die nach einer Frist von sechs Monaten eigentlich hätten versteigert werden sollen.

Natürlich förderte die Werkstatt Geflüchtete, die willig und bestrebt waren, ihre Fahrräder auch selbst zu reparieren. Sie durften Werkzeuge und Ersatzteile verwenden und erhielten bei Bedarf die nötige Anleitung. Ein Kern von technisch interessierten und begabten Teilnehmern konnte nachhaltig angelernt und unter anderem mit einem Ein-Euro-Job bei der Stadt „fest angestellt" werden. Sie halfen zu den Öffnungszeiten der Werkstatt regelmäßig und gewissenhaft aus. Hier ein Zitat aus dem Projektbericht:

> Auch bei der Grundstücks- und Grasflächenpflege boten sich immer wieder unsere Flüchtlingsfreunde an. Es war festzustellen, dass man sich auch bei den Reparaturen (die dann meist auf dem Außengelände stattfanden) gegenseitig half und unterstützte. So hatten wir über die gesamte Projektzeit immer genügend Flüchtlingshelfer, die gerade in der Anfangszeit, als die Sprachverständigung noch schlecht war, auch als Übersetzer fungierten.

Während der Öffnungszeiten der Fahrradwerkstatt versorgten freundliche Bürger aus Bad Honnef die Teilnehmer und Teilnehmerinnen mit Kaffee und Kuchen. Überhaupt avancierte die Werkstatt mit ihrem großzügigen Außengelände zu einem beliebten Treffpunkt. Viele Flüchtlinge besuchten sie auch ohne Reparaturbedarf, einfach zum Austausch und näheren Kennenlernen, woraus sich wieder anderweitige Unterstützungsleistungen ergaben. Insgesamt erreichte das Projekt *Fahrradwerkstatt für Flüchtlinge* in Bad Honnef und Umgebung einen hohen Bekanntheitsgrad, sodass auch „Abordnungen" aus Nachbargemeinden kamen, um sich Tipps und Hilfe für eigene Projekte oder deren Umsetzung zu holen. Zu vielen

Flüchtlingen entstanden im Laufe der Zeit sehr gute und freundschaftliche Beziehungen.
Ein Lehrer der Privatschule „Schloss Hagerhof" (ein Bad Honnefer Gymnasium mit Internat) bat die Projektverantwortlichen, gelegentlich mittwochs jeweils zwei Schüler den Werkstatt-Tag miterleben zu lassen, um sie mit Flüchtlingen in Kontakt zu bringen. Diese Zeit galt für die Schüler als Religionsunterricht. Sie gewannen Einblick in die ehrenamtliche Arbeit und lernten die Schicksale verschiedener Geflüchteter kennen, mit denen sie in der Werkstatt auf einfache Weise kommunizieren konnten. Obwohl ihre reguläre „Unterrichtszeit" nur bis kurz nach dem Mittag ging, blieben sie durchweg länger, meist bis zur Schließung der Werkstatt gegen 17.00 Uhr. Der direkte Kontakt mit den Flüchtlingen bereitete ihnen Freude; die Verständigung war weitgehend auf Englisch möglich.
Mit der Zeit wuchsen die Ansprüche. Ältere, voll funktionstüchtige Räder und zumindest mit einer Drei-Gang-Schaltung ausgestattet, wurden von Flüchtlingen nicht mehr angenommen. Bevorzugt wurden nun möglichst neue Räder oder Mountainbikes. Daneben gab es unter den Geflüchteten auch einige wenige Kandidaten, die die Absicht hatten, sich zu bereichern, indem sie sich mehrere Räder zu besorgen versuchten oder fälschlich angaben, ihr Fahrrad sei gestohlen worden. Es waren wiederum die Flüchtlingshelfer, die mithilfe ihrer Sprach- und Insiderkenntnisse diesen Machenschaften auf die Spur kamen und das Projektmanagement davon unterrichteten. Die Betrugsversuche wurden schließlich durch eine konsequente Buchführung unterbunden: Jeder Nutzer wurde mit seinem Namen, dem Datum des Fahrraderhalts und der exakten Kennzeichnung des Rades gelistet.
Um solche Vorfälle zu vermeiden, wurden alle Flüchtlinge, die ein Fahrrad erhalten hatten, mit einer kleinen laminierten Karte ausgestattet, deren deutscher und englischer Text besagte, dass das Fahrrad ein Geschenk sei und bei Fragen der Projektverantwortliche unter der angegebenen Telefonnummer kontaktiert werden könne.[9] Dieser „Ausweis" lieferte auch bei Polizeikontrollen den Nachweis, nicht mit einem gestohlenen Fahrrad unterwegs zu sein. Aus diesen Maßnahmen ergab sich schließlich eine gute Zusammenarbeit mit der regionalen Polizei, die unter anderem Verkehrsschulungen in der Werkstatt durchführte und das Projekt mit „professionellen" Fahrradausweisen ausstattete, die mit passenden Identitätsmarkern ausgefüllt werden konnten.

---

9 Dazu berichtet der Projektverantwortliche: „Eines Tages erhielt ich zu Hause einen Anruf einer mir nicht bekannten Frau, die eine Geldbörse gefunden hatte. Der Inhalt ließ keine Rückschlüsse auf den Besitzer zu. Allerdings fand sie in der Geldbörse eine kleine Karte mit den Angaben zu einem Fahrradgeschenk und meine Telefonnummer. Mir war dadurch sofort klar, dass es sich um das Portemonnaie eines Flüchtlings handeln musste. Die Frau war so freundlich und brachte die Geldbörse persönlich bei uns zu Hause vorbei. Beim Durchsehen fand ich eine kleine Karte, die zur Nutzung der Essenstafel gedacht war mit dem Namen eines Flüchtlings. Damit war klar, wer der Besitzer war. Der Frau dankten wir sehr für ihre Ehrlichkeit und ihre Mühe. Wir konnten dem syrischen Flüchtling seine Geldbörse übergeben und er war überglücklich, da er keine Hoffnung gehabt hatte, sie je wiederzufinden."

> Schließlich konnten alle Flüchtlinge, die in Bad Honnef eintrafen und sich ein Rad wünschten, mit funktionierenden Fahrrädern ausgestattet werden. Insgesamt wurden 488 Räder abgegeben und etwa 900 Reparaturen durchgeführt. Dadurch wurde die Mobilität der Flüchtlinge wesentlich verbessert, da ihre Unterkünfte in der Zeit bis zur Anerkennung als Asylanten außerhalb des eigentlichen Stadtgebietes und teilweise auch im Bergbereich lagen (ca. 10 km vom Zentrum entfernt). Einige Flüchtlinge wurden sogar im 20 km entfernten Bonn mit ihrem Fahrrad angetroffen. Einige schafften es bis nach Köln (50 km). Die Menschen kamen aus Syrien, dem Irak und Iran, Afghanistan, Eritrea, Palästina, dem Libanon, Marokko, Algerien, Ghana, Nigeria, Mazedonien, Albanien, dem Kosovo, Serbien, der Ukraine, Indien und Pakistan. Darunter waren 20–30 % Frauen und unter 30 % Kinder. Die meisten Menschen davon sind Moslems (85 %), einige Jesiden (5–8 %) und auch Christen (5–7 %). Im Rahmen unserer Projektarbeit ist eine intensive Zusammenarbeit mit dem Sozialamt der Stadt, mit Schulen vor Ort und der örtlichen Presse entstanden, die für das Projekt sehr hilfreich war. Ebenso bestand ein guter Kontakt zu den Hausmeistern der Flüchtlingsheime, zu der örtlichen Caritas, zur evangelischen Kirche und zu engagierten Bürgern (Abschlussbericht *Fahrradwerkstatt für Flüchtlinge,* Bad Honnef).

Nachdem die Verantwortlichen das Projekt mit Ende des Jahres 2017 zum Abschluss gebracht hatten und es unter anderem auch aus gesundheitlichen Gründen nicht mehr weiterführen konnten, entstand die Idee, mit den angelernten Geflüchteten und einer „Aufsicht“ von Ehrenamtlichen die Fahrradwerkstatt in eine Art Selbsthilfeeinrichtung umzuwandeln, die es zu vereinbarten Terminen ermöglichte, Reparaturen durchführen zu lassen oder selbst durchzuführen. Der Bedarf war zwar vorerst gedeckt, aber es wurden auch weiterhin sporadisch Flüchtlinge der Stadt Bad Honnef zugewiesen. Zudem sollten vermehrt auch die Bedürftigen aus der Mehrheitsgesellschaft, die sozial Schwachen aus der Stadt Bad Honnef, die Möglichkeit bekommen, ihre Räder kostenfrei reparieren zu lassen beziehungsweise überhaupt ein Fahrrad zu erhalten.

Schließlich war das Sozialamt selbst daran interessiert, die Werkstatt in den gegebenen Räumlichkeiten mit dem vorhandenen Werkzeug zu erhalten. Über eine Pressemitteilung wurden zwei rüstige Senioren gefunden, die bereit waren, ehrenamtlich den Versorgungs- und Reparaturbetrieb für einen Nachmittag in der Woche aufrechtzuerhalten. In den ersten Monaten stand ein angelernter Flüchtling den beiden „Neulingen“ zu den Öffnungszeiten zur Verfügung und unterstützte sie. Dieser Betrieb läuft bis heute gut. Die beiden Mitarbeiter nehmen am Öffnungstag meist nur die Räder an und geben sie am nächsten wieder aus. An den anderen Tagen können sie und ihre Helfer in Ruhe die Reparaturarbeiten durchführen. Es kommt auch hin und wieder vor, dass Menschen bei den ehemals Verantwortlichen anrufen und sich erkundigen, ob die Werkstatt noch bestehe, sie Reparaturen erledigen lassen oder Spendenräder abgeben könnten. Es ist befriedigend zu sehen, dass dieses Projekt eine solche Nachhaltigkeit entwickeln konnte.[10]

---

10 Im Übrigen: Sowohl die alten als auch die neuen Projektverantwortlichen waren zwar technisch versiert, wurden aber erst durch das Projekt zu „Fachleuten“ für Fahrradreparaturen

3.4 Empathie und sekundäre Traumatisierung

Empathie – die Fähigkeit zur Einfühlung oder die Entfaltung eines Gespürs für die Bedürfnisse von Mitmenschen – ist eine der Voraussetzungen für den Aufbau gelungener Beziehungen mit Geflüchteten. Diese interpersonalen Qualitäten sind bereits bei den Kleinen, hier bei Kindern von Mitarbeitenden, vorhanden: „Als ein Flüchtlingskind im regnerischen Herbst ohne Socken kam, zog die Tochter einer Leiterin ihre eigenen Socken aus, um sie abzugeben", so ein Bericht aus Böblingen.
Bei näherem Kennenlernen und mit zunehmendem Vertrauen öffnen sich Kommunikationsteilnehmerinnen füreinander und finden den Mut, sich über Erfahrungen und Probleme auszutauschen, die sie ansonsten zurückhalten. Mit persönlicher Anteilnahme an den lebensweltlichen Belangen Geflüchteter werden Höhen und Tiefen oder Erfolge und Niederlagen gemeinsam durchlebt, sei es die Anerkennung oder Ablehnung einer Asylbewerbung beziehungsweise eines Flüchtlingsstatus oder andere der Integration förderlichen oder hinderlichen Erfahrungswerte. Eine besonders tragische Erfahrung vermeldete das Projekt in Wurzen, das überwiegend mit eritreischen Geflüchteten zu tun hatte. Es wirkte innerhalb eines Netzwerks aus Institutionen, Behörden und Initiativgruppen mit, Geflüchteten, die das 18. Lebensjahr erreicht hatten, den Umzug aus dem Kinderheim in Wohnungen zu sichern. In einem nahe gelegenen Kinderheim in Borsdorf, das unbegleitete minderjährige Flüchtlinge beheimatet, hatte sich ein 17-jähriges Mädchens aus Eritrea nach Ablehnung ihres Asylantrags durch das BAMF das Leben genommen. Katholische und evangelische Kirche sowie die Adventgemeinde veranstalteten am 2. April 2017 in der Wurzener Herz-Jesu-Kirche eine Trauerfeier zum gemeinsamen Verarbeiten dieses tragischen Ereignisses.
Durch die existenzielle Anteilnahme an der Erfahrungswelt Geflüchteter werden die ehrenamtlich Tätigen auch Zeuge dramatischer Erzählungen von Kriegswirren und Flucht, von grausamem Unrecht der Kriegsparteien, von Folter, Zwangsheirat und zurückgelassenen, verwundeten oder umgekommenen Familienangehörigen und Verwandten. Veranschaulicht durch Bildmaterial auf Handys, hinterlassen diese Erfahrungsberichte natürlich auch tiefe Spuren in den Seelen der Mitarbeiterinnen und Mitarbeiter, wie beispielsweise die Fotos einer angeschossenen jungen Frau, die sich gegen eine Zwangsheirat gewehrt hatte und nun in einem syrischen Krankenhaus lag.[11] Nach einer nicht repräsentativen Umfrage zu urteilen, bestand

und konnten so neben den wunderbaren Erfahrungen mit Menschen anderer Kulturen auch für sich noch etwas lernen und ihren praktischen Horizont erweitern.

11 Sicherlich wäre es für eine Abhandlung wie diese interessant gewesen, den einen oder anderen Erfahrungsbericht über die jeweils konkreten Ursachen von Flucht und Vertreibung aufzuführen, über Tod und Todesangst, Verzweiflung und illusionäre Hoffnungen, Sorge um die Zurückgebliebenen und nicht zuletzt die andauernden posttraumatischen Belastungsstörungen. Darauf wurde verzichtet; nicht nur aus dem Grund, nicht in eine Konkurrenz der Berichterstattung des Schrecklichen zu verfallen, sondern auch in der Annahme, dass jede und jeder der Geflüchteten individuelles Leid zu tragen und zu überwinden hat. Stattdessen sei auf die Reportagen von „Refugees Worldwide" verwiesen, herausgegeben von Philippi und Schreiber (2019).

jedoch kein Grund zur Annahme sekundärer Traumatisierungen der Helfer der Projekte. Wohl auch deshalb, weil es sich das Ehrenamt zur Aufgabe gemacht hat, gegen bereits vorhandene oder sporadisch aufkommende melancholische Stimmungen mit dem Anspruch einer erfolgreichen Integrationsarbeit anzukämpfen. Das Ergebnis hat ihm recht gegeben. Mit sehr wenigen Ausnahmen kann bestätigt werden, dass Geflüchtete durch die kleinen und großen Erfolge gemeinsamer Anstrengungen, durch zugewandtes Ermutigen und Aufmuntern neue Zuversicht und neuen Lebensmut gefasst haben. An dieser Stelle sollte man ein wie auch immer geartetes Glaubensbekenntnis nicht zu sehr in den Vordergrund stellen: Eine Stärkung durch mitmenschliche Empathie und existenzielle Mitteilung geht alle Bevölkerungsanteile an. Jedoch darf angeführt werden, dass nach dem Bekunden der Projektverantwortlichen eine im Glauben an Jesus Christus verankerte Grundhaltung eine außerordentliche Hilfe beim empathischen Mittragen von Sorgen, beim Bearbeiten von Konflikten und Überwinden von Problemen darstellt.

Abgesehen von der konventionellen, über Empathie erfolgten Aneignung einer sekundären Traumatisierung erschüttern die persönlich mitgeteilten wie auch die medial aufbereiteten Nachrichten über Kriegswirren, Flucht und Vertreibung besonders die Menschen, die im eigenen Leben ähnliche Erfahrungen gemacht haben und nun zwangsläufig daran erinnert werden – zum Beispiel im Zusammenhang mit dem Zweiten Weltkrieg oder mit der Auflösung des damaligen Jugoslawien.

4. Zusammenfassende Bewertung der Projektaktivitäten und Ausblick

Die Projektaktivitäten fanden im Rahmen des öffentlich ausgetragenen bundesdeutschen Integrationsdiskurses statt, ließen sich aber weitgehend nicht von ideologischen Polarisierungen leiten, die etwa eine multikulturelle Vielfalt gegen eine homogenisierende Leitkultur ausspielen. Die Flüchtlinge werden einfach als Mitmenschen angesehen, die Schreckliches erlebt haben und der Hilfe bedürfen. Christliche Nächstenliebe orientiert sich an den Bedürfnissen der Menschen an sich, ohne sich von politischen Zielsetzungen instrumentalisieren zu lassen. Natürlich heißt das nicht, dass die zivilgesellschaftlichen Richtungskämpfe keine eindeutige politische Einstellung verlangen; doch ist die existenzielle Beziehung zu geflüchteten Mitmenschen vorrangig, auch im phänomenologischen Sinn: dass lebensweltliche Beziehungen erst die Voraussetzungen für politische Einstellungen liefern. Diese Unvoreingenommenheit bildete die Voraussetzung für Offenheit in Bezug auf Unvorhergesehenes und Überraschendes und garantierte eine größtmögliche Freiheit der Integrationsfindung.

Einige der Aktivitäten wurden in bestehende Vereinsstrukturen eingebunden, wie Maranata e. V. in Stendal, die Schutzhütte in Schwedt (eine Einrichtung des Advent-Wohlfahrtswerkes Berlin-Brandenburg e. V.) oder andere lokale Helferkreise des AWW, die seit Jahrzehnten in der sozialen Arbeit tätig sind. Andere passten die Hilfestellung für Geflüchtete in bestehende Projekte ein, wie zum Beispiel die *Lese!insel Südstadt* in Hannover: Sie wurde in ein seit 2011 bestehendes Lese- und Lernhilfeprojekt für Migranten integriert, das Lehrerinnen in einer örtlichen Kirchengemeinde anbieten, und konnte so auf vorhandene Strukturen wie einen Kinder- und Jugendbücherschrank zurückgreifen. Mindestens die Hälfte begann jedoch ganz neu mit der Organisation eines Projektmanagements, das sich mit Eigeninitiativen sowohl an den erkennbaren Bedürfnissen der Geflüchteten ausrichtete als auch an den eigenen Interessen, Ressourcen und Fähigkeiten.

Bezüglich der formalen Gesichtspunkte der Projektarbeit hatten die meisten der Verantwortlichen keine Schwierigkeiten, ein Projekttagebuch mit den erforderlichen Einzelinformationen zu führen, innerhalb des gesetzten Zeitrahmens Zwischen- und Abschlussberichte zu liefern sowie eine Finanzbilanzierung zu erstellen. Einigen fiel es allerdings auch schwer, sie beklagten den damit verbundenen bürokratischen Aufwand. Jedoch zeichnete sich eine zunehmende Routine im Aufbereiten der obligatorischen Berichterstattung ab, was auch als Merkmal einer Professionalisierung der Projektarbeit gedeutet werden kann.

Die Zusammenarbeit des Ehrenamts mit den Behörden erfordert allen Erfahrungen nach einen langen Atem. In einem Projektbericht heißt es:

> Als großes Hindernis bei der Integration erweisen sich die bürokratischen Hürden. Es gehen Stunden und Tage drauf, bis ein Problem gelöst werden kann, bis alle Papiere ausgefüllt und Anforderungen erfüllt werden können. So manchen Flüchtlingen und Helfern geht dabei die Luft aus und sie sind geneigt hinzuwerfen.

Die Beurteilung eines Asylverfahrens und die Genehmigung oder Ablehnung eines Aufenthaltstitels hängt erfahrungsgemäß nicht selten von der persönlichen Einstellung regionaler Entscheidungsträger ab, ungeachtet der rechtlichen Vorgaben und der Kontrollfunktion des BAMF. Die Einflussgrößen des Ehrenamts, sofern sie in den Verfahrensprozess eingebracht werden, können dabei Beachtung finden, abhängig von der konsistenten Unterstützung für das Bereitstellen von Dokumenten und von der Nähe zu den Entscheidungsträgern. Neben der Voraussetzung erforderlicher Fähigkeiten, wie Grundkenntnisse der deutschen Sprache oder eine fachgebundene Vorbildung, erwies es sich bei der Vermittlung von Ausbildungs- und Praktikumsstellen sowie Arbeitsplätzen durchaus als hilfreich, wenn ein einheimischer „Fürsprecher" die Geflüchteten zur Vorstellung im Jobcenter oder in einem Unternehmen begleitete. Eine engagierte Begleitperson stellte schon fast die Erfolgsgarantie einer Übernahme dar. Offensichtlich kommt hier das soziale Kapital des Ehrenamts durch einen erhöhten Vertrauensvorschuss zur Geltung: Bei aufkommenden Schwierigkeiten steht es zuverlässig zur Verfügung und verschafft so der ausbildenden oder Arbeit gebenden Einrichtung Sicherheit.

Bei den Begleitdiensten zum Jobcenter ist man zuweilen auch mit überzogenen Vorstellungen seitens der Geflüchteten konfrontiert, etwa wenn ein jugendlicher Flüchtling ohne Schulbildung den Berufswunsch Pilot äußert. Im Land der unbegrenzt vorgestellten Möglichkeiten ist es manchmal eine schmerzliche Erfahrung, auf die faktisch begrenzten Chancen eines leistungsorientierten Marktes zurückverwiesen zu werden. Umso wichtiger ist es für das Ehrenamt, die Würde des „Von-unten-Anfangens" zu betonen und bei den Betroffenen die mentalen Ressourcen dafür zu motivieren.

Einige Projekte haben mit Ermüdungserscheinungen zu kämpfen und verzeichnen einen allmählichen Rückgang des ehrenamtlichen Engagements; vielleicht meinen manche nun ihren Beitrag geleistet zu haben und möchten sich wieder vermehrt um den eigenen Alltag kümmern. Zudem mag die hohe zeitliche Beanspruchung eine Rolle spielen, gerade dann, wenn die Verantwortung für die gelingende Integration von Geflüchteten sehr ernst genommen wurde. Andere hingegen führen ihre Arbeit kontinuierlich fort und erweitern sogar ihre Aktivitäten innerhalb und außerhalb des gegebenen Projektspektrums. Ausschlaggebend dafür waren zumeist eine intensive und breite Vernetzung des Ehrenamts, ein Verteilen der anstehenden Aufgaben auf viele Schultern sowie nachhaltige Freundschaften mit Geflüchteten.

Zusammenfassend kann man feststellen, dass sich die Ehrenamtlichen nur selten entmutigen ließen – trotz aller Komplexität entstandener Problemlagen, trotz des hohen Zeit- und Arbeitsaufwands, damit fertig zu werden, selbst nach Erfahrungen von Irrtum und Scheitern. Im Gegenteil: Die Herausforderungen wurden angenommen und führten mit dem Erfolg ihrer Bewältigung, teils auch unabhängig davon, zu einer Vertiefung mitmenschlicher Erfahrungen. Ein Projektbericht führt aus:

> Das Wichtigste, was durch dieses Projekt mit allen seinen Teilen entstand, waren Beziehungen und mit diesen Beziehungen auch gute Erfahrungen der Geflüchteten. Sie haben gemerkt, dass sich Menschen für sie interessieren, sich Zeit nehmen und Mühe machen. Das so entstandene Vertrauen und positive Assoziationen mit Deutschen sind eine wesentliche Auswirkung.

Das Ziel einer Evaluierung der Projektarbeit mit Geflüchteten ist, herauszufinden, ob sich Projektansätze bewährt haben, verbesserungswürdig sind und ob und wie sie als Modell dienen und sich unter ähnlichen Umständen replizieren lassen können. Projektevaluierungen in der sozialen Arbeit, der Entwicklungszusammenarbeit und humanitären Hilfe haben sich zu einer eigenen Wissenschaft entwickelt, die mit unterschiedlich gesetzten Schwerpunkten standardisierte Kriterien für Wirksamkeitsanalysen hervorgebracht hat. Die weithin angewandten Standards des Development Assistance Committee (DAC) beziehen sich auf Relevanz, Effizienz und Effektivität, auf Partizipation sowie auf soziale, ökologische und wirtschaftliche Nachhaltigkeit.

Allerdings waren diese vereinheitlichenden Kriterien nicht durchgängig als vergleichswertige Beurteilungsmaßstäbe brauchbar; zum Beispiel, wenn sich die Aktivitäten hinsichtlich Intention und Durchführung der Projekte zu stark voneinander unterschieden oder wenn variable Bedürfniskonstellationen der Geflüchteten zu berücksichtigen waren, die einheitlichen Einordnungsversuchen zuwiderliefen. Es erschien bei den kleinformatigen Projekten mit hoher Intensität eher angebracht, neben wenigen einleitenden Fragestellungen und gleichbleibenden Ordnungspunkten auf die jeweiligen Besonderheiten des Projekts einzugehen. Schließlich ging es bei den Evaluationen nicht um wissenschaftlich ausgewiesene Wirkungsanalysen mit extern auferlegten Richtlinien, sondern um gemeinsam zu entwickelnde Sichtweisen, die der kritischen Selbstreflexion und Stärkung dienen sollten. Allenfalls sollte mithilfe einer konstruktiven Herangehensweise gezeigt werden, wie die üblichen Herausforderungen von Helferinnen und Flüchtlingen optimal zu meistern sind, wie sie mit den Integrationsanstrengungen von Geflüchteten korrelieren und welche Lernvorgänge in bestimmten Bereichen konstatiert werden können, um es gegebenenfalls künftig anders oder besser zu machen.

Es muss noch einmal festgehalten werden, dass die kirchengemeindlich organisierten Aktivitäten mit Geflüchteten mit wenigen Ausnahmen nicht von professionellen zivilgesellschaftlichen Akteuren gemanagt wurden, sondern von engagierten, zum Teil berufstätigen Gemeindemitgliedern, die zuvor nicht mit Projektantragstellung, -management und buchhalterischen Abrechnungsprozessen vertraut gewesen waren. Dafür sind die ehrenamtlichen Kräfte in anderer Hinsicht qualifiziert: durch ihre einfühlende Mitmenschlichkeit, ihre pädagogischen und seelsorgerlichen Kompetenzen sowie einen unbefangenen und für Überraschungen offenen Zugang, der auch mit unvorhergesehenen Schwierigkeiten erfolgreich umzugehen weiß. Dies alles fand bei den Geflüchteten Anklang. Unter komplexen Umständen können selbst anerkannte Methoden und Arbeitsansätze nicht weiterführen; gemeinsames Ausprobieren auf mitmenschlich-idealistischer Werte-

basis ist hier am Platz. Dies vorausgesetzt, stellen die angeführten DAC-Kriterien zumindest eine hilfreiche Orientierung dar, um die Komplexität der Projektaktivitäten auf gemeinsame Leitlinien hin auszurichten und zu bewerten.
Neben den genannten Standards, die sich ausschließlich auf Projektaktivitäten konzentrierten, ging es in der Evaluierung auch um Nebenschauplätze, um Rahmenbedingungen und nicht beabsichtigte Wirkungen. Dazu gehörten unter anderem die Akzeptanz der Aktivitäten in der örtlichen Kirchengemeinde, die Koordination der ehrenamtlichen Tätigkeiten mit anderen Aktivgruppen, die Zusammenarbeit mit den Behörden und der Trainings- und Ausbildungsbedarf der Mitarbeiterinnen und Helfer. Von Interesse waren in jedem Falle besondere Erfolgsmeldungen sowie Enttäuschungen, Belastungen und die Gefahr der sekundären Traumatisierung. Gefragt waren aufschlussreiche beispielhafte Geschichten aus den Projekterfahrungen, die ermutigen oder auch die Vorlage zur Entmutigung liefern können, je nachdem; an Letzterem wiederum kann Resilienz getestet und erarbeitet werden.

Relevanz

Das Kriterium der Relevanz orientiert sich an den Bedürfnissen von Geflüchteten und ist erfüllt, wenn Projektaktivitäten funktional auf das jeweils maßgeblich Erforderliche für die Integration von Zielgruppen ausgerichtet sind. Natürlich kann ein Projekt nicht alle Bedürfnisse abdecken; das wäre von den Kompetenzen der ehrenamtlich tätigen Verantwortlichen her auch nicht möglich. Jedoch waren fast alle Projektteams sehr gut mit anderen zivilgesellschaftlich Tätigen vernetzt, was arbeitsteilige Angebote für die Abdeckung der mannigfaltigen Bedürfnisse der Geflüchteten ermöglichte. Jedenfalls ergänzten die Relevanzstrukturen der Aktivitäten unterschiedlicher Projektträger einander meist optimal.
Relevanzen kann man in ihren Einzelbestandteilen nicht vorprogrammieren, sie ergeben sich aus Begegnungen und Kommunikationsstrukturen. Mitteilungen über vorhandene sowie neu entstehende Bedürfnisse und der korrespondierende Aufbau relevanter Unterstützungsleistungen ergaben sich beim gemeinsamen Kochen und Essen, beim Konversationstraining, beim Deutschunterricht und bei Sport- und Freizeitveranstaltungen. Bei all diesen Gelegenheiten konnte man sich näher kennenlernen und Vertrauen zueinander gewinnen. Die Fahrradwerkstatt in Bad Honnef wäre zum Beispiel nicht ohne die Artikulation von Geflüchteten in einem Begegnungscafé zustande gekommen, die dort ihren Wunsch nach besserer Mobilität geäußert hatten. Daraufhin konnte gehandelt werden.
Relevanzen verändern sich im Verlauf des Integrationsprozesses. Verantwortliche berichten zum Beispiel, dass Begegnungscafés anfangs als Treffpunkt für die Kontaktaufnahme Geflüchteter mit Deutschen fungierten, als Voraussetzung, um an Hilfsangebote wie Behördengänge, Vermittlung von Ausbildungs- und Arbeitsplätzen und anderes zu kommen. Mit zunehmender Integration nutzten Geflüchtete, die nunmehr in eigenen Wohnungen weit verstreut voneinander lebten, die etablierte Struktur der Begegnung zum Wiedersehen und zum Austausch mit

ihresgleichen. Ebenso agieren sie als Multiplikatoren und Integrationslotsen für Neuankömmlinge.
Alle Projekte waren mit ihren unterschiedlichen Funktionen und Zielen relevant auf Integrationsförderung ausgerichtet. Daneben gab es auch einige bewusst nichtfunktional organisierte Begegnungen mit dem Ziel, durch ein völlig zwangloses, lockeres Beisammensein über die verordnete Funktion methodischer Vorgehensweisen hinaus in aller Offenheit neue Relevanzen zur Sprache zu bringen. Die partizipative Einbindung Geflüchteter in die Planung und Umsetzung von Projektaktivitäten kann Relevanzsysteme präzisieren, davon ausgehend, dass die Betroffenen sich und ihre Bedürfnisse am besten kennen.

Effizienz

Das Kriterium der Effizienz favorisiert im Rahmen von Kosten-Nutzen-Relationen den finanziell günstigsten Einsatz (Input) für den maximalen Erfolg (Output). Damit soll eine sorgsame Nutzung der in der Regel nicht im Überfluss vorhandenen Ressourcen gewährleistet werden. Diese wirtschaftliche Komponente wurde in der Projektarbeit durchgängig beachtetet. Eine unverantwortliche Ressourcennutzung war nirgends festzustellen. Desgleichen hat sich erwiesen, dass bei den relativ niedrig gehaltenen Zuwendungen, die in der Regel 5.000 Euro pro Projekt nicht überschritten, keine großen Einsparungen mit methodisch aufgearbeiteten Vergleichswerten möglich gewesen wären. In den meisten Projekten wurden neben unbezahlter Zeit und Arbeit auch eigene materielle Ressourcen mit eingebracht.

Effektivität

Das Kriterium der Effektivität bezieht sich auf die methodische Qualität von Aktivitäten in Relation zu den gesteckten Zielen. Aufgrund der bescheidenen Mittel, die zur Verfügung standen, war Qualität wesentlich durch die kreativen Eigenleistungen der Projektverantwortlichen definiert. Einige Projekte bildeten besondere Profile heraus, etwa, wenn sich Frauen für Frauen einsetzten. Oder wenn sich, wie in Böblingen geschehen, eine Kinderbetreuung – ursprünglich als Beschäftigungsangebot parallel zum Konversationstraining der Eltern gedacht – zu einer Kreativwerkstatt für die Entfaltung musikalischer, verbaler, kognitiver und motorischer Fähigkeiten entwickelte. Effektivität ist messbar, wenn relevante Indikatoren für die Festlegung von Integrationsleistungen entwickelt werden, zum Beispiel das Bestehen der angestrebten A2- oder B1-Prüfung im begleitenden Deutschunterricht oder die Steigerung des Notendurchschnitts bei Nachhilfeschülerinnen und -schülern. Dass nach Information des BAMF mehr als die Hälfte der Geflüchteten am Ende eines Integrationskurses das für die Arbeitsaufnahme erforderliche B1-Niveau nicht schaffen, hat wohl neben der Schwierigkeit der deutschen Sprache auch damit zu tun, dass die Geflüchteten in ihren Herkunftsländern bildungsfern sozialisiert waren; natürlich auch mit der Qualität

oder Effektivität des Deutschunterrichts. Jedenfalls benötigen sie einen zusätzlichen Motivationsschub vonseiten der Zivilgesellschaft sowie spielerisches Konversationstraining außerhalb der schulischen Situation. Die Gesamtheit der Projekte hat ebendies geleistet.
Die gute Vernetzung der Projektteams mit anderen zivilgesellschaftlichen Kräften hat sicherlich zur Steigerung der Effektivität beigetragen. Ohne diese kooperativen Strukturen mit ihren unterschiedlichen Kompetenzen und arbeitsteiligen Angeboten wäre die anfänglich große Zahl Geflüchteter mit ihren mannigfaltigen Bedürfnissen gar nicht zu bewältigen gewesen. Neben der Vernetzung mit kirchlichen und säkularen Trägern der Zivilgesellschaft entwickelte sich auch eine hinreichend kooperative Arbeitsstruktur mit staatlichen Stellen und Behörden, wie mit den lokalen Außenstellen der Bundesoberbehörde BAMF, der Bundesagentur für Arbeit und kommunalen Migrationsbeauftragten.
Die Qualifizierung von Projektaktivitäten hat auch mit der Lernfähigkeit ihrer Mitarbeiterinnen zu tun. Ebenso wie die Geflüchteten im Projekt partizipieren auch die Verantwortlichen: an der Lebenswelt der Flüchtlinge, an der Bearbeitung ihrer Konflikte und Probleme. Dieses Beteiligtsein hat zu persönlichen Lernprozessen und zur Ausbildung fachkundiger Expertisen geführt. Viele besuchten Weiterbildungen, um die praktischen Anforderungen besser bewältigen zu können. So manche Projektverantwortliche kannten sich danach bestens in asylrechtlichen Fragen und den Kriterien des Asylbewerberleistungsgesetzes aus.

Partizipation

Wie bereits ausgeführt, bedeutet Partizipation Teilnahme und Teilhabe der Geflüchteten an Projektaktivitäten. Das läuft auf eine Mitbestimmung hinaus und kann Garantie dafür sein, dass nicht an den prioritären Bedürfnissen der Geflüchteten vorbeigearbeitet wird. Den strategischen Wert der Partizipation bringt ein Bericht auf den Punkt:

> Die bestgemeinten Angebote kommen nicht an und erzielen keine Wirkung, wenn die Adressaten nicht einsteigen. Insofern ist die vorausgehende Investition in die Beziehung nicht nur notwendig, sondern hier baut sich das wesentliche Kapital auf, insbesondere dann, wenn man Partizipation ernst nimmt, um die Transformation von Adressaten zu Handelnden zu ermöglichen. Vertrauen ist der Schlüssel (Projektbericht *Erlebnis Sport,* Hannover).

In der Forschung unterscheidet man zwischen der Partizipation als Mittel zum Zweck und der Partizipation als Selbstzweck. Der erste Begriff umfasst eine teilnehmende Mitbestimmung, um ein vorstrukturiertes Programm zu beglaubigen, zu qualifizieren oder umzusetzen. Hier ist Partizipation ein Mittel, im vorgegebenen Rahmen erforderlicher Integrationsleistungen festgelegte Ziele (Sprachprüfungen, Schule, Ausbildung, Beruf, Selbständigkeit) zu erreichen. Bei der zweiten Formulierung handelt es sich um Projektaktivitäten, die Geflüchtete eigenständig artikuliert oder mit initiiert haben.

Mit der Partizipation als Selbstzweck und als wesentlicher Bestandteil des Prozesses zur Selbständigkeit treten nun auch Bedürfnisse zutage, die den Geflüchteten zuvor nicht bewusst oder definierbar gewesen waren. Als Beispiel sei ein Theaterspiel erwähnt, das Geflüchtete des Projekts in Schwedt selbst entworfen und auf die Bühne gebracht hatten. Das „Drama des Lebens“ dokumentierend, trug es dazu bei, Vergangenheit aufzuarbeiten und gegenwärtige Befindlichkeit darzustellen. Auch äußerten weitgehend etablierte Geflüchtete in Vilshofen den Wunsch, für Kinder einen Kurs in arabischer Sprache und Schrift anzubieten; diesem Wunsch wurde entsprochen. Die Kurse organisierten die Geflüchteten selbst; sie hatten das Ziel, die Kinder auf eine eventuelle Rückkehr in die Heimat vorzubereiten.
Allerdings benötigen Geflüchtete manchmal ein gewisses „Hausrecht“, um sich durchsetzen oder vorgegebene Spielregeln ändern zu können. Das Projekt *Erlebnis Sport* in Hannover berichtet von einem „Heimspiel“ jugendlicher Geflüchteter in einer betreuten Wohneinrichtung: Sie spielten Hallenfußball nicht wie gewohnt mit Bande links und rechts sowie Auslinien hinter den Toren, sondern mit Vollbande ohne Aus, wie es beim Eishockey üblich ist. Die mitspielenden Betreuer gaben ihren anfänglichen Widerstand gegen diese „neue“ Regel schließlich auf:

> Später ging es so weiter „wie immer“ (mit Vollbande, auch in anderen Hallen des Stadtteils). Sie haben sich in Wort und Tat durchgesetzt. Das war sehr lehrreich. Sie hatten das Hausrecht und wir waren im Unrecht. Wir haben uns angepasst, Vertrauen wurde gestärkt.

Alle Projekte waren bereits in der Antragstellung angewiesen, die Flüchtlinge in die Planung der Aktivitäten einzubeziehen. Die Zwischen- sowie die abschließenden Berichte bestätigten weitgehend die Beteiligung der Geflüchteten am Projektmanagement, zumindest wenn es sich um mündige Zielgruppen handelte. Sie wurden gefragt, brachten sich ein und beteiligten sich an der Vorbereitung und Durchführung der Aktivitäten sowie am abschließenden Aufräumen. Besonders die aktive Einbindung von Frauen hat deren Selbstbewusstsein gestärkt und ihre Integration gefördert. Kinder sollten zwar auch schrittweise an die Artikulation ihrer Bedürfnisse und an die Mündigkeit herangeführt werden, sind aber damit oft noch überfordert. Sie benötigen Orientierung und Sicherheit, die „Leitplanken“ einer vorgegebenen Struktur.

Nachhaltigkeit

Die nachhaltige Wirkung von Projektarbeit ist erfahrungsgemäß nicht dadurch gewährleistet, dass ein Vorhaben konsequent und strikt nach Plan durchgeführt wird; sie hängt viel eher davon ab, wie flexibel das Projektmanagement auf sich verändernde Umstände und Bedürfnisse der Geflüchteten eingehen kann.
Der Begriff der Nachhaltigkeit hat viele Bedeutungen: In unserem Zusammenhang geht es vornehmlich um die ökologische, um die wirtschaftliche sowie um die soziale Nachhaltigkeit. Bei der ökologischen Nachhaltigkeit handelt es sich um Umweltverträglichkeit, um einen sorgfältigen Umgang mit den begrenzten Res-

sourcen dieser Erde. Unter diesem Aspekt wäre es beispielsweise wichtig, in Begegnungscafés und anderen Zusammenkünften soweit wie möglich Plastikgeschirr zu vermeiden.

Mit wirtschaftlicher Nachhaltigkeit ist die angestrebte Unabhängigkeit von externen Hilfestellungen gemeint. Ein Projekt sollte sich letzten Endes selbst tragen können, als ausgewiesenes Merkmal der Fähigkeit zur Selbsthilfe Geflüchteter. Selbst wenn dieses Ziel in einem bestimmten zeitlichen Rahmen nicht erreicht werden kann, so ist es immerhin in Teilen erstrebenswert. Durch Partizipation und graduelle Übertragung von Verantwortung werden Geflüchtete ermutigt, in bestimmten Aufgabenbereichen eigenständig für sich selbst oder für andere zu arbeiten. Um mit Jürgen Habermas zu sprechen, kommt hier ein emanzipatorisches Erkenntnisinteresse zur Geltung, dem es im Rahmen einer demokratischen Integrationskultur daran gelegen ist, dass Menschen lernen, auf eigenen Füßen zu stehen, und dass sie in der Lage sind, für die Befriedigung ihrer Bedürfnisse selbst aufzukommen. Dieses Ziel steht im Einklang mit Teilhabe und Teilnahme am öffentlichen Leben und am politischen Geschehen und wird je nach den mitgebrachten Voraussetzungen der Bildung, beruflichen Erfahrung und Leistungsorientierung in der Realität unterschiedlich umgesetzt.

Die soziale Nachhaltigkeit wiederum stellt sich vielschichtig dar. Zunächst kann damit der gezielte Abbau sozialer Ungleichheiten gemeint sein, womit die Sozialverträglichkeit von Projektaktivitäten angesprochen ist. Im arbeitsteiligen Kontext wird darunter in erster Linie eine anzupassende Chancengleichheit zwischen Geflüchteten und der Mehrheitsgesellschaft verstanden. Soziale Nachhaltigkeit gilt es zudem unter den Geflüchteten selbst herzustellen: mit einer Einstellung, die die Gleichberechtigung von ethnisch, religiös oder linguistisch unterschiedlich definierten Volksgruppen fördert. Diese standen sich in ihren Herkunftsländern oft feindlich gegenüber und sind daher zuweilen geneigt, die mitgebrachte Zwietracht in der neuen Heimat aufrechtzuerhalten. Solange Gruppenidentitäten homogener Natur waren – die meisten kamen aus Syrien und bekannten sich zum sunnitischen Islam –, wurden vordergründig keine Beziehungskonflikte beobachtet. Im Gegenteil: Homogene Gruppen tendierten dazu, sich nach innen zu stabilisieren; freilich mit der Konsequenz, dass es für außerhalb stehende Identitäten schwieriger war, Eingang in die Gruppe zu finden oder ein Zusammengehörigkeitsgefühl zu entwickeln. Bei religiös gemischten Gruppen mussten zuweilen Mechanismen der Konfliktbearbeitung zum Einsatz kommen.

Daneben ist das ehrenamtliche Engagement sozial nachhaltig, wenn es sich bei aufkommenden Widerständen nicht entmutigen lässt, nicht aufgibt und „am Ball" bleibt, um die intendierten Projektziele für bedürftige Menschen zu erreichen. Schließlich geht es bei der sozialen Nachhaltigkeit um die Reversibilität der Fortführung vorteilhafter sozialer Beziehungen, die weiter oben mit dem Begriff des sozialen Kapitals veranschlagt wurden. Allerdings entspricht es – ob im Zusammenhang mit Projekten oder auch im Alltag – der Normalität, wenn sich innerhalb sozialer Beziehungen auch das persönliche Verhältnis zueinander abschwächt oder auflöst, sobald die funktionalen Konstanten wegfallen. Insoweit haben die verschiedenen Projekte – hinsichtlich ihrer Ziele und ihrer Aktivitäten, diese zu erreichen – immer etwas Funktionales an sich: Die Planung liefert die Vorgabe, wie Vorhaben umgesetzt, Bedürfnisse befriedigt und Probleme bewältigt werden sollen. Ist das Ziel – innerhalb des vorgesehenen oder eines ausgeweiteten Zeitrahmens – schließlich erreicht, wird das Projekt mit der Berichterstattung und Kostenabrechnung abgeschlossen. Mit dem Verlust der Funktionalität, gemeinsam an Aufgaben und Problemen zu arbeiten, geht auch oft der soziale Kontakt zwischen den Projektdurchführenden und den Nutznießern verloren. Die Arbeit ist erledigt, es besteht keine unmittelbare Notwendigkeit mehr, soziale Nachhaltigkeit zu pflegen; es sei denn, dauerhafte Freundschaften wären entstanden, die ohne einen Funktionsanspruch allein aus dem gemeinsamen Interesse am Miteinander bestehen bleiben. Jedoch erscheint es in einer ökonomisierten, von Nutzendenken geprägten Lebenswelt zu viel des Guten, wenn über die funktionsbedingten Vermittlungsgrößen hinaus versucht wird, persönliche Nähe aufrechtzuerhalten, wenn sie vordergründig nicht erforderlich ist. Von dieser Seite gesehen scheint es unangemessen, der ehrenamtlichen Tätigkeit das Qualitätsmerkmal einer künstlich konstruierten sozialen Nachhaltigkeit aufzubürden. Schließlich stehen nach einem abgeschlossenen Projekt neu aufkommende Bedürfnisse lebensweltlicher Integration im Raum, die andere Maßnahmen und Aktivitäten erfordern und im Rahmen neuer Relevanzkriterien weiterführende Funktionszusammenhänge des Miteinander-Arbeitens bedingen.

Projekte, die im ländlichen Raum angesiedelt waren, berichten von einem starken Drang der Flüchtlingsfamilien, in die Städte zu ziehen, selbst wenn die Kinder schulisch und in Bezug auf Gleichaltrige gut integriert waren. Eine auf längerfristigen Kontakten beruhende soziale Nachhaltigkeit war daher nicht möglich. Des Weiteren kann festgehalten werden, dass sich in fast allen Projekten nachhaltige Bekanntschaften und Freundschaften als Bestandteil eines normalen Zusammenlebens herausgebildet haben. Dazu helfen die gängigen Kommunikationstechnologien, wie gruppenorganisiertes WhatsApp, um auch über die räumliche Trennung hinweg miteinander in Verbindung zu bleiben. Neben dem üblichen Kommunizieren – etwa dem Versenden guter Wünsche zu bestimmten Anlässen – fungiert WhatsApp auch als Hotline, beispielsweise bei einer Anfrage oder bei Hilfebedarf in besonderen Fällen. Den Projektberichten zufolge erreichen die bereits etablierten Geflüchteten vermehrt Anfragen oder Hilferufe der einheimischen Ehrenamtlichen, um für Neuankömmlinge sprach- und landeskundige Lotsendienste zu bekommen.

Dagegen erscheint ein abrupter Ausstieg aus einem kooperativen Verhältnis durchaus befremdlich. Projektverantwortliche aus Stendal beschreiben ein syrisches Ehepaar, das nach einem abgelehnten Asylantrag intensiv betreut wurde. Ein kostenfreier Rechtsbeistand war zur Wiederaufnahme des Verfahrens organisiert worden, alle Rechtsmittel wurden ausgeschöpft. Nach der endgültigen Erteilung einer Aufenthaltserlaubnis verschwand das vordem sehr kontaktfreudige Paar von einem Tag auf den anderen und ließ nie wieder etwas von sich hören. Dieses Erlebnis stellt innerhalb der Projekterfahrungen sicherlich eine Ausnahme dar. Zur

Komplexität solcher Sachverhalte gehören aber auch derartige unvorhergesehene Wendungen oder Entwicklungen. Solange die Hintergründe für diesen unerwarteten Abbruch einer bis dahin einvernehmlich erscheinenden Beziehung nicht bekannt sind, sollte man mit abschließenden Bewertungen vorsichtig sein und das Ganze einfach als gegeben hinnehmen. Die Ehrenamtlichen freuen sich natürlich am Erfolg einer Leistung und möchten diesen gerne mit denen, die daraus Nutzen ziehen, teilen.
Letzten Endes erschöpft sich die Arbeit mit Geflüchteten in der Regel nicht in Momentaufnahmen, sondern nimmt Anteil an Entwicklungen und Lebensläufen:

> Ein Mädchen, das uns fast täglich aufsuchte und manchmal ein bisschen „nervte", weil sie Aufmerksamkeit brauchte und tausend Fragen hatte, ist heute eine bildschöne junge Frau, die Soziale Arbeit studiert und in unserem örtlichen Asylverein mithilft, manchmal dolmetscht oder vermittelt.

Über die Teilnehmerin eines Alphabetisierungskurses in Berlin-Buch berichtet das Pankower Projekt:

> Sie war sehr schüchtern und das Lernen fiel ihr sehr schwer. Sie hatte starke Minderwertigkeitskomplexe und war traumatisiert. Wir zeigten ihr, dass sie ein wunderbarer Mensch ist, und machten ihr Mut, weiterhin fleißig zu lernen und etwas zu unternehmen. Wir konnten vermitteln, dass Lust an einer Sache oftmals erst beim Machen entsteht. Dank der AG Wohnen Buch lebt sie heute mit ihrem Mann in einer eigenen Wohnung. Sie spricht relativ gut Deutsch und nimmt an vielen Aktionen teil. Sie motiviert ihre Freundinnen, zu den Aktionen zu kommen. Sie ist eine junge, selbstbewusste Frau geworden, die gerne bei Aktivitäten hilft und unterstützt (Projektbericht *Gemeinsam kreativ sein,* Berlin-Pankow).

Ausblick

„Wir schaffen das!" ist nicht in erster Linie als parteipolitisches Programm gemeint, sondern als überparteiliche Motivationsvorlage, die Integration trotz widriger Umstände auch schaffen zu *können*, selbst wenn Geflüchtete integrationsunwillig erscheinen oder fremdenfeindlicher Gegenwind der populistischen Rechten ein harmonisches Miteinander infrage stellt. Die fremd- und selbstverschuldeten Widrigkeiten geben dem Integrationsdiskurs in der Bundesrepublik Vielstimmigkeit und lassen optimistische wie auch pessimistische Prognosen zu, ob und wie die Integration von Flüchtlingen gelingen kann. Die gute Nachricht einer aktiven und bunt zusammengesetzten Zivilgesellschaft lautet: Integration ist möglich, ob mit oder ohne Politik und auch gegen alle Widerstände. Menschlichkeit ist ansteckend, immer und überall.

Anhang I.

Erklärung der Freikirche der Siebenten-Tags-Adventisten in Deutschland zur aktuellen Flüchtlingssituation

Ostfildern, den 22. 09. 2015

Im Sinne der Genfer Flüchtlingskonvention unterstützt die Freikirche der Siebenten-Tags-Adventisten in Deutschland den Schutz von politisch Verfolgten und Kriegsflüchtlingen und deren Recht auf Zugang zu medizinischer Versorgung, Bildung und Sozialleistungen. Die aktive Ansprache der Aufnahmebegehrenden erfolgt durch die Ortsgemeinden, fachlich und personell werden sie durch das Advent-Wohlfahrtswerk e. V (AWW) und ADRA Deutschland e. V. unterstützt.

Gemäß dem *Mission Statement* der Freikirche weltweit nehmen die Siebenten-Tags-Adventisten in Deutschland ihre christliche Verantwortung wahr, „für Menschen und Volksgruppen da zu sein, die am stärksten durch Armut, Unglück, Hoffnungslosigkeit und Krankheit betroffen sind". Dies gilt ohne Ausnahme für alle Menschen, unabhängig von der ethnischen Herkunft, dem Geschlecht, der Religion oder Weltanschauung, einer Behinderung, dem Alter oder der sexuellen Identität.

Im Evangelium wird Gott zum Menschen. Diese Solidarität Gottes verpflichtet alle gläubigen Christen, sich ausnahmslos jedem Menschen zuzuwenden, der Hilfe braucht. Deshalb sprechen sich die Siebenten-Tags-Adventisten ausdrücklich gegen jede Form von Fremdenfeindlichkeit aus.

Die Freikirche der Siebenten-Tags-Adventisten in Deutschland wird die bestehenden Strukturen des AWW und von ADRA zugunsten einer nachhaltigen Hilfe für politisch Verfolgte und Kriegsflüchtlinge nutzen und stärken. Die Freikirche stellt sich der gesellschaftlichen Herausforderung und bringt sich aktiv in die bestehenden Strukturen der Länder und Kommunen ein.

Alle Ortsgemeinden der Freikirche der Siebenten-Tags-Adventisten sind eingeladen

- auf Bundes- und kommunaler Ebene (Stadt- und Landkreise) die Zusammenarbeit mit Behörden, ehrenamtlichen Initiativen und Vereinen zu suchen,
- die Möglichkeiten ehrenamtlichen Engagements innerhalb der kommunalen Hilfe für Flüchtlinge zu erfragen und konkret umzusetzen,
- ohne Berührungsängste auf Menschen in Not zuzugehen und sie willkommen zu heißen,
- in Kooperation sowohl mit Partnerorganisationen als auch mit anderen christlichen Kirchen und Einrichtungen „der Stadt Bestes" zu suchen,

- Räumlichkeiten für Sprachkurse, Begegnungstreffen, Programme zur Kinder- und Freizeitgestaltung zur Verfügung zu stellen,
- die Integration von Flüchtlingen und Migranten zu fördern,
- Flüchtlinge, Migranten und Menschen in Not bewusst in die Fürbitte des Gebets einzuschließen.

Ein herzlicher Dank gilt allen, die bereits durch ihr ehrenamtliches Engagement Hilfe für Flüchtlinge praktizieren. Der Glaube an den wiederkommenden Christus und die Hoffnung auf eine neue Erde befähigt Christen, ihren Wohlstand und ihre Lebensqualität mit notleidenden Menschen zu teilen.

Johannes Naether, Norddeutscher Verband
Rainer Wanitschek, Süddeutscher Verband

Anhang II.

Die Freikirche der Siebenten-Tags-Adventisten (STA)

Glaube

Siebenten-Tags-Adventisten teilen mit allen Christen den Glauben an Jesus Christus. Er bestimmt ihr Denken und Handeln, ihre Einstellung zum Leben und ihr Engagement für andere. Insbesondere die folgenden drei Überzeugungen kennzeichnen ihren Glauben:

Unsere Welt hat Zukunft. Adventistische Christen erwarten die Vollendung des von Jesus verkündeten Reiches Gottes bei seiner Wiederkunft (lat.: *adventus*). Sie bringt Gerechtigkeit, Frieden und Freiheit für die ganze Schöpfung. Das Vertrauen auf die biblische Zusage vom Kommen Gottes und von einer neuen Erde macht sie zu „Adventisten".

Gott lädt uns zu sich ein. Die Hoffnung auf Gerechtigkeit, Frieden und Freiheit für alle findet ihren Ausdruck im Sabbat (Samstag), dem siebten Tag der Woche, dem biblischen „Tag des Herrn". Er erinnert an die Schöpfung und Erlösung durch Jesus Christus und weist hin auf die kommende Vollendung. Der Sabbat bietet Befreiung vom Alltagsstress – Zeit für andere, für sich selbst und für Gott.

Wir sind eins in Christus. Hoffnung stärken, Gottes Liebe feiern – das geht am besten gemeinsam mit anderen. Siebenten-Tags-Adventisten wollen nicht nur „Freikirche" sein, sondern eine weltweite Familie, die Menschen aller Nationen und Kulturen miteinander verbindet.

Tätigkeit

Entstehung/Verbreitung. Die Freikirche der Siebenten-Tags-Adventisten gibt es seit Mitte des 19. Jahrhunderts. Die erste adventistische Gemeinde in Europa entstand 1867 in Tramelan (Berner Jura/Schweiz). 1875 wurde in Wuppertal-Vohwinkel die erste deutsche Adventgemeinde gegründet. Die weltweit organisierte Freikirche besteht heute in über 200 Ländern mit rund 20 Millionen erwachsen getauften Mitgliedern (in Deutschland knapp 35.000 in 558 Gemeinden).

Zwischenkirchliche Beziehungen. Die Freikirche ist Gastmitglied der Arbeitsgemeinschaft Christlicher Kirchen in Deutschland (ACK) und der Vereinigung Evangelischer Freikirchen (VEF) sowie Mitglied der Deutschen Bibelgesellschaft. Auf Ortsebene gibt es Kontakte zur Evangelischen Allianz.

Soziale Verantwortung. Adventisten warten nicht nur auf Jesu Wiederkunft, sie kennen auch ihre soziale Verantwortung. Sie legen Wert auf Bildung und unterhalten mit 8.208 Schulen, von der Grundschule bis zur Universität, das weltweit größte protestantische Bildungswerk. In 410 Krankenhäusern und Kliniken werden weltweit jährlich über 20 Millionen Patienten ambulant und stationär behandelt. Die Adventistische Entwicklungs- und Katastrophenhilfe (ADRA) ist in 134 Ländern tätig.

Deutschland. In Deutschland unterhält die Freikirche, die eine Körperschaft öffentlichen Rechts ist, unter anderem die Theologische Hochschule Friedensau bei Magdeburg, das Schulzentrum Marienhöhe in Darmstadt und weitere Bekenntnisschulen. Das Krankenhaus „Waldfriede" Berlin und eine Reihe von sozialen Einrichtungen (siehe Beitrag des AWW) sind im Auftrag der Freikirche in Deutschland tätig. Das Medienzentrum der „Stimme der Hoffnung" (Alsbach-Hähnlein bei Darmstadt) sendet über Satellit und im Internet täglich ein 24-stündiges Fernsehprogramm (Hope TV). Der Advent-Verlag Lüneburg gibt christliche Literatur heraus. Der 1899 von der Freikirche gegründete Deutsche Verein für Gesundheitspflege (DVG) verfügt über mehrere Regionalgruppen, die sich für Gesunderhaltung (Prävention) einsetzen.

Weitere Informationen und Kontakt:

Freikirche der Siebenten-Tags-Adventisten in Deutschland
Presse- und Informationsstelle
Telefon: 0711 44819-14
Fax: 0711 44819-60
E-Mail: info@adventisten.de
Internet: https://www.adventisten.de

Anhang III.

Das Advent-Wohlfahrtswerk (AWW)

„Sozial handeln – wirksam helfen“: Das Sozialwerk der Adventisten in Deutschland

Das Advent-Wohlfahrtswerk e. V. mit Sitz in Hannover ist ein bundesweit tätiger eingetragener Verein. „Zweck des Vereins ist die Förderung des Wohlfahrtswesens, die Förderung der Jugend- und Altenhilfe, die Förderung der Erziehung, Volks- und Berufsbildung, die Förderung der Hilfe für Behinderte, die Förderung des öffentlichen Gesundheitswesens und der öffentlichen Gesundheitspflege sowie die selbstlose Unterstützung hilfsbedürftiger Personen im Sinne des § 53 AO. Die Vereinstätigkeit beruht auf dem Grundsatz der christlichen Nächstenliebe und richtet sich an jeden hilfsbedürftigen Menschen, unabhängig von Herkunft, Nationalität, Religion, Geschlecht und Weltanschauung“ (§ 2 Abs. 3 der Satzung).

Eine 122-jährige Geschichte

Das AWW wurde 1897 ins Leben gerufen und 1928 als Verein eingetragen. Seine Gründer hatten erkannt, dass der Auftrag Jesu in Matthäus 25 auch ihnen galt, das Grundrecht eines jeden Menschen auf Nahrung, Kleidung und Obdach zu sichern, Kranke zu heilen und Sterbenden in ihrer letzten Stunde beizustehen, Not zu lindern und Menschen Wege in die Freiheit eines selbstbestimmten Lebens zu weisen. Die Sorge um Hilfsbedürftige sei der einzig angemessene Dienst für Jesus und die rechte Vorbereitung auf sein Kommen. Jede Hilfe sollte der Selbsthilfe dienen.

Aus den „Tabeagruppen“ vom Anfang (genannt nach Tabea, einer im Neuen Testament erwähnten Armenpflegerin) ist ein christliches Sozialwerk gewachsen, das durch ehrenamtliche Helferkreise und soziale Aktivgruppen der Adventgemeinden sowie in professionellen Projekten und Einrichtungen in unterschiedlichen sozialen Bereichen tätig ist. Etwa 500 Personen sind ehrenamtlich und 680 Personen hauptamtlich im Verein und den gemeinnützigen Gesellschaften des AWW tätig. Das AWW ist Mitglied im Paritätischen Wohlfahrtsverband.

Die Einrichtungen im AWW

In folgenden Bereichen unterhält das AWW soziale Projekte und Einrichtungen in Trägerschaft des Vereins und in gemeinnützigen Gesellschaften:

- **Kindertagesstätten**
    - in Berlin, München, Fürth, Penzberg und Bad Aibling
    - eine Heilpädagogische Tagesstätte (HPT) in Neuburg

- **Schulen**
    - Grund- und Oberschule in Oranienburg-Friedrichsthal

- **Beratungsstellen**

mit unterschiedlichen Schwerpunkten der Lebens- und Konfliktberatung in Berlin-Brandenburg

- **Familienarbeit**

Familienzentrum mit Erziehungs- und Familienberatung, Freizeitmaßnahmen

- **Hilfe für Menschen in sozialen Notlagen**
    - Suppenküchen und Tafeln
    - Kleiderkammern
    - seelsorgerische Betreuung
    - Übernachtungshaus für wohnungslose Frauen in Leipzig

- **Hilfen und Angebote für Geflüchtete und Integrationsarbeit**
    - etwa 80 Initiativgruppen für Geflüchtete
    - Sprach- und Integrationsangebote

- **Suchtkrankenhilfe**
    - Suchtberatungs- und -behandlungsstelle in Chemnitz
    - Kontaktstelle in Schwedt
    - Sucht-Selbsthilfegruppen
    - Seminare und Motivationstreffen für Betroffene und Angehörige

- **Altenhilfe**
    - Seniorentreffs
    - Seniorenheime in Berlin, Friedensau, Uelzen und Mettmann

- **Hospizarbeit**
    - stationäre Hospize in Lauchhammer und Uelzen
    - ambulanter Hospizdienst in Berlin

- **Gesundheit**

Förderung von Maßnahmen zur Gesundheitserziehung in Zusammenarbeit mit dem Deutschen Verein für Gesundheitspflege e. V.

- **Entwicklungshilfe**

Durchführung von Hilfeleistungen und Projekten in Kooperation mit ADRA Deutschland e. V.

- **Aus- und Fortbildung**

in Zusammenarbeit mit der Theologischen Hochschule Friedensau und dem Institut für Christliche Dienste der Freikirche der Siebenten-Tags-Adventisten in Deutschland

Weitere Informationen:

Auf örtlicher und überörtlicher Ebene arbeitet das AWW im Verbund mit anderen öffentlichen und freien Trägern der Wohlfahrtspflege zusammen und trägt als Teil des gesellschaftlichen Netzwerks zum sozialen Frieden bei.

Kontakt:

Advent-Wohlfahrtswerk e. V.
Hildesheimer Str. 426
30519 Hannover
Telefon: 0511 97177-300
Fax: 0511 97177-399
E-Mail: mail@aww.info
Internet: https://www.aww.info

Anhang IV.

Die Theologische Hochschule Friedensau (ThHF)

Die Theologische Hochschule Friedensau ist eine staatlich anerkannte private Hochschule in kirchlicher Trägerschaft. Dem Selbstverständnis als adventistische Bildungseinrichtung folgend, sieht sich die ThHF in Verantwortung vor Gott und den Menschen beauftragt, Studierende zum Dienst an den Menschen in Kirche und Gesellschaft auszubilden.

Geschichte

Die Theologische Hochschule Friedensau wurde 1899 von der Freikirche der Siebenten-Tags-Adventisten (STA) als „Missionsschule" gegründet. In der wechselvollen Geschichte wurden in verschiedenen Studien- und Ausbildungsgängen junge Menschen zum pastoralen Dienst und zum Einsatz in Gesundheits- und Bildungseinrichtungen vorbereitet. Im September 1990 erhielt die ThHF die staatliche Anerkennung mit dem Fachbereich Theologie. 1993 kam der Fachbereich Christliches Sozialwesen (CSW) hinzu. Im Jahr 2005 wurde im Zuge des Bologna-Prozesses auf Bachelor- und Masterstudiengänge umgestellt.

Lehre und Forschung

Heute werden in zwei Fachbereichen zwei Bachelor- und fünf Masterstudiengänge angeboten. Im Fachbereich Theologie: B.A. Theologie; M.A. Theologie; Master of Theological Studies (MTS). Im Fachbereich Christliches Sozialwesen: B.A. Soziale Arbeit; M.A. Counseling; M.A. Musiktherapie; M.A. International Social Sciences. Zwei dieser Studiengänge werden in englischer Sprache durchgeführt, um damit internationalen Studierenden den Zugang zu erleichtern. Außerdem wird ein einjähriger studienvorbereitender Deutschkurs „Deutsch als Fremdsprache" (DaF) angeboten.

Neben der Lehre stehen die Weiterbildung und vor allem die Forschung im Fokus der ThHF. Die Forschungen des FB Theologie und seiner Institute liegen im Bereich der Adventismus-Studien, der Freikirchenforschung, in der Missionswissenschaft und Gemeindeentwicklung. Die längste Forschungstradition an der ThHF hat die Archäologie mit der Erforschung des antiken Moabs (Jordanien). Forschungsbereiche des Fachbereichs Christliches Sozialwesen und seiner Institute sind vor allem Friedensforschung, Bildungsforschung, Migrationsforschung, Forschung mit und über Minderheiten und Entwicklungszusammenarbeit. Die Forschungen werden unterstützt durch staatliche Geberorganisationen, kommerzielle Unternehmen und zivilgesellschaftliche Träger (zum Beispiel ADRA).

Daneben gibt es Kooperationen mit internationalen Bildungseinrichtungen innerhalb und außerhalb der Freikirche der STA.

Werte und Ziele

Lehre und Forschung an der ThHF sind christlich-ethisch fundiert, ganzheitlich und interdisziplinär ausgerichtet und reformatorischer Tradition und innovativem Denken verbunden. Als Campus-Hochschule bilden die Lehrenden, Angestellten und Studierenden eine vertrauensvolle, tolerante, multikulturelle und kooperative Lebensgemeinschaft. Die Gleichwertigkeit von Frauen und Männern ist hierbei eine Grundgegebenheit ebenso wie der Respekt vor anderen Religionen, Weltanschauungen und Kulturen.
Internationalität und Vielfalt werden daran ersichtlich, dass ca. 50 % der Studierenden aus dem Ausland kommen und etwa 25 verschiedene Nationen repräsentieren. Das Campusleben wird weitgehend zweisprachig gestaltet; akademische, kulturelle und spirituelle Angebote versuchen, die Vielfalt abzubilden und zu fördern. Die Geschichte langjähriger Beziehungen der ThHF zu Ländern in allen Kontinenten wird auch durch internationale Projekte weitergeführt.
Die ThHF folgt der Überzeugung, dass Glaube, Bildung und Lebensvollzug eine Einheit bilden. Das gesamte Handeln an der Hochschule soll eine Spiritualität widerspiegeln, die auf dem Evangelium von Jesus Christus beruht. Deshalb wird persönliche Identitätsbildung durch Ermutigung und Befähigung zur Selbstreflexion gefördert. Ein Ziel ist es ebenso, die Gestaltung von Kirche und Gesellschaft konstruktiv und kritisch zu begleiten.

Weitere Informationen und Kontakt:

Theologische Hochschule Friedensau
Marketing und Öffentlichkeitsarbeit
An der Ihle 19
39291 Möckern-Friedensau
Telefon: 03921 916-116
Fax: 03921 916-120
E-Mail: marketing@thh-friedensau.de
Internet: https://www.thh-friedensau.de

Anhang V.

Die Adventistische Entwicklungs- und Katastrophenhilfe (ADRA)

ADRA Deutschland e. V.: „Damit Menschen wieder hoffen können“

Die Buchstaben ADRA stehen für die englischsprachige Bezeichnung *Adventist Development and Relief Agency* (Adventistische Entwicklungs- und Katastrophenhilfe-organisation). Dahinter steht ein internationales Netzwerk von unabhängigen ADRA-Büros in über 130 Ländern. In Deutschland hat ADRA drei Mandate. Zum einen gehört dazu die Humanitäre Hilfe in komplexen Krisen, Entwicklungs-zusammenarbeit und zum anderen die Entwicklungspolitische Bildungsarbeit. Alle Tätigkeiten geschehen im Kontext und im Sinne der 17 Nachhaltigkeitsziele der Vereinten Nationen.
ADRA Deutschland wurde im Dezember 1986 gegründet und am 17. Januar 1987 im Vereinsregister Darmstadt eingetragen. ADRA ist als gemeinnützig und mildtätig anerkannt und trägt das DZI Spenden-Siegel, ist Mitglied im Deutschen Spendenrat e. V. und hat sich der „Initiative Transparente Zivilgesellschaft“ verpflichtet. Als Organisation sind wir auf private Spenden angewiesen, um unsere Projekte zu finanzieren. Auch deshalb legen wir Wert auf eine transparente Arbeitsweise. In einem jährlichen Geschäftsbericht werden die Aktivitäten beschrieben und wird entsprechend Rechenschaft abgelegt.
Das Spendenvolumen von ADRA Deutschland e. V. betrug im Jahr 2018 über 5 Millionen Euro. Das aktuelle Gesamtvolumen (inklusive der öffentlichen Geld-mittel) aller Projekte beträgt 57 Millionen Euro. Wir sind unseren Spenderinnen und Spendern von ganzem Herzen dankbar für die Unterstützung. Jede Spende ist auch ein Auftrag an uns als Mitarbeiterinnen und Mitarbeiter, gemäß unserem Motto „Damit Menschen wieder hoffen können“ zu handeln, und ein kraftvolles Statement für ein wertebasiertes Selbstverständnis bürgerschaftlichen Engage-ments.

Was wir tun

Im Kern geht es uns um soziale Gerechtigkeit und Armutsbekämpfung, die sich auf christliche und humanitäre Werte gründen. Die unveräußerliche Würde eines jeden Menschen und ein menschenrechtsbasierter Ansatz bilden dabei das wesentliche Fundament allen Handelns.
Die weltweit breite Aufstellung des ADRA-Netzwerks ermöglicht Handlungs-fähigkeit, um in Katastrophen schnelle Hilfe zu gewähren und Armut zu bekämpfen. Tritt eine Krise ein, ist ADRA schon da. Wir sind vor Ort, kennen die lokalen Herausforderungen, Traditionen und Besonderheiten und stehen in den

jeweiligen Ländern in einer dauerhaften und wirkungsvollen Beziehung mit anderen zivilgesellschaftlichen Partnern und Regierungsstellen. Dank unseres ADRA-Netzwerks können wir Spezialisten aus aller Welt mobilisieren und Fachkräfte vor Ort entsenden. Oberstes Ziel aber bleibt die Befähigung der Menschen vor Ort – also Hilfe zur Selbsthilfe.

Wiederaufbau, Gesundheits-, Bildungs- und Ernährungsprojekte gehören ebenso zu den Arbeitsgebieten wie die Projektarbeit zur Förderung wirtschaftlicher und mentaler Selbständigkeit. Daneben werden auch Frauen-, Kinder- und Seniorenprojekte durchgeführt, die strukturelle Benachteiligungen überwinden helfen. Ausgehend vom südhessischen Weiterstadt plant und realisiert ADRA Deutschland seine Einsätze gemeinsam mit Partnern in der ganzen Welt.

Zu den jüngeren Aktivitäten von ADRA zählen sogenannte ADRA-Shops. In sieben dieser Second-Hand-Läden, über ganz Deutschland verteilt, können Spenderinnen und Spender gebrauchte Waren wie Damen-, Herren- und Kinderkleider, Hausrat und Deko-Artikel sowie Bücher und Spielzeug abgeben. Diese Gebrauchtwaren werden nicht weggeworfen, sondern in den Läden für wenig Geld weiterverkauft. Damit stärken wir nachhaltiges Konsumverhalten und schaffen eine zusätzliche Einnahmequelle zur Finanzierung unserer Projekte im Ausland und lokaler Sozialprojekte am Standort der ADRA-Shops. Die Läden werden ausschließlich durch ehrenamtliches Engagement getragen und professionell von zwei Hauptamtlichen begleitet.

Seit Jahrzenten ist ADRA mit der Aktion „Kinder helfen Kindern“ in Deutschland bekannt. Teilen macht glücklich: Indem Kinder gemeinsam mit ihren Eltern ein Paket packen, können bereits die Jüngsten erleben, dass Schenken Freude bereitet und Teilen beide glücklich macht: den Geber und den Empfänger. Jedes Paket soll eine Botschaft an die Kinder sein: „Wir denken an euch.“ Für uns ist es ein Impuls, die Not in anderen Teilen unserer Welt wahrzunehmen, teilen zu lernen, Verantwortung im Handeln zu übernehmen. Das ist uns sehr wichtig.

Seit 2015 sind wir auf ganz neue Weise im Inland tätig geworden und unterstützen Menschen, die in unserem Land als Flüchtende angekommen sind, in einer Kooperation im Rahmen des Aktionsbündnisses „Gemeinsam für Flüchtlinge“. In diesem Sinne sind wir für alle Menschen da – unabhängig von ihrer ethnischen Herkunft, dem Geschlecht, der Religion oder Weltanschauung, einer Behinderung, des Alters oder der sexuellen Identität.

ADRA wirkt nicht allein

„Netzwerken“ im In- und Ausland liegt in den Genen von ADRA. Deshalb gehört ADRA auch zu den Gründungsorganisationen von VENRO. Dabei handelt es sich um den Dachverband der entwicklungspolitischen und humanitären Nichtregierungsorganisationen in Deutschland. ADRA war ebenso Gründungsmitglied des Bündnisses „Aktion Deutschland Hilft“ und „Gemeinsam für Afrika“, dessen Schirmherr der Bundespräsident Frank-Walter Steinmeier ist.

Als Spendenorganisation sind wir der zivilgesellschaftliche Partner aller bedeutenden öffentlichen Geldgeber in Deutschland und der Europäischen Kommission. Dazu zählen das Auswärtige Amt, das Bundesministerium für wirtschaftliche Zusammenarbeit und Entwicklung ebenso wie *European Civil Protection and Humanitarian Aid Operations* (DG ECHO) und *International Cooperation and Development* (DG DEVCO) auf europäischer Ebene.

Mit ADRA die Welt entdecken

Seit 1997 entsendet ADRA jährlich junge Freiwillige für ein Jahr zu einem sozialen Dienst ins Ausland. Seit 2008 geschieht dies im Rahmen des entwicklungspolitischen Freiwilligendienstes „weltwärts". Die Einsatzgebiete des Auslandsdienstes reichen von Albanien über Lesotho bis nach Bolivien. Unter dem Motto „globales Lernen" verfolgt dieser Dienst eine doppelte Zielsetzung: Zum einen soll ein entwicklungspolitischer Mehrwert für die Partnerprojekte entstehen, zum anderen aber auch ein deutlicher Impuls für die entwicklungspolitische Inlandsarbeit, die sich an junge Erwachsene richtet. In Weiterstadt, am ADRA-Standort, kann zusätzlich ein sogenanntes „Freiwilliges Soziales Jahr" absolviert werden.

Weitere Informationen und Kontakt:

ADRA Deutschland e. V.
Robert-Bosch-Str. 10
64331 Weiterstadt
Telefon: 06151 8115-23
Fax: 06151 8115-12
E-Mail: Sekretariat@adra.de
Internet: https://www.adra.de

Anhang VI.

Flucht, Migration und christlicher Dienst. Eine theologische Handreichung zur Orientierung

„Mein Vater war ein Aramäer, dem Umkommen nahe, und zog hinab nach Ägypten und war dort ein Fremdling" (5. Mose 26,5).

„Diese alle … haben bekannt, dass sie Gäste und Fremdlinge auf Erden sind" (Hebräer 11,13).

Auf Empfehlung des Aktionsbündnisses „Gemeinsam für Flüchtlinge" innerhalb der Freikirche der Siebenten-Tags-Adventisten in Deutschland hatte die Kirchenleitung die Theologische Hochschule Friedensau gebeten, eine kurze theologische Handreichung zu verfassen, die die wichtigsten Aspekte der Themen Flucht und Migration aus theologischer Sicht anspricht. Das Ziel einer solchen Orientierung ist es, die Herausforderungen in unserer Gesellschaft vom christlichen Glauben adventistischen Bekenntnisses her zu bedenken und den Gemeinden Impulse zu geben, die im Dienst für Menschen in Not und in der öffentlichen Diskussion von Hilfe sein können. Dieses vom Fachbereich Theologie unter Leitung des Dekans Stefan Höschele im Juli 2017 erarbeitete Papier hat die Freikirche übernommen.

Einführung

Bevor hier einige grundlegende biblische und theologische Gesichtspunkte erörtert werden können, soll es um einen zentralen Begriff gehen, der in der öffentlichen Diskussion häufig Verwendung findet: Migration.

Was bedeutet „Migration"?

Migration heißt nichts anderes als Wohnortveränderung (lat. *migratio,* „Wanderung"), wird aber meistens für den Wechsel in einen anderen, oft sogar einen weit entfernten Staat verwendet. Der Begriff setzt voraus, dass es klare und eventuell nicht leicht überwindbare nationale Grenzen gibt – diese sind allerdings in vielen Regionen erst während der letzten Jahrhunderte entstanden. Flucht ist somit eine spezielle Form der Migration: nämlich die unfreiwillige. Damit ist schon angedeutet, dass Migration einerseits vielfältig ist, andererseits schon seit Menschengedenken stattgefunden hat: während der Völkerwanderungen, durch die Expansion von Staaten, wegen Hungersnöten, Armut oder Krieg, aus Neugierde und in Erwartung größerer wirtschaftlicher Chancen. In einer Welt mit

65 Millionen Geflüchteten lässt sich die Bedeutung von Flucht und Migration nur schwer ignorieren.

Warum ist das Thema für Christen wichtig?

Als Nachfolger Jesu sind wir eingebettet in verschiedenste Lebenswirklichkeiten, auch in Bezug auf Migrationserfahrungen und zuweilen Fluchterlebnisse. Die USA etwa entstanden als Immigrationsnation, anfangs zumeist durch Menschen, die sich aufgrund ihres Glaubens verfolgt sahen. Adventisten überwinden im 21. Jahrhundert häufig staatliche Grenzen aufgrund des Potenzials, das ihnen das kirchliche Bildungssystem eröffnet, oder weil es in Zielländern schon ein Netzwerk von Gläubigen aus dem Heimatland gibt. Grenzziehungen sind historisch gewachsen, aber keineswegs in der Form zwingend, wie sie Gesellschaften vorgenommen haben. Christen haben von Anfang an in ihren Gemeinden den Grundsatz gepflegt: „Hier ist nicht Jude noch Grieche“ (Galater 3,28).

Gibt es eine „Theologie der Migration“?

Für Gemeinwesen sind Ordnungen nötig – doch für die konkrete Ausgestaltung von Staatsangehörigkeit, Auswanderung, Beheimatung und Teilhabe im Kontext einer Nation geben die Apostel Jesu keine konkreten Anweisungen. Da das Neue Testament für solche spezifischen Themen nur allgemeine ethische Leitlinien bereithält, sind sich Christen in konkreten gesellschaftlich-politischen Fragen häufig nicht einig. Dies wird besonders sichtbar, wenn außergewöhnliche Ereignisse – wie die Ankunft von Hunderttausenden Flüchtlingen aus Syrien und Afghanistan in Deutschland im Jahr 2015 – das Gewohnte infrage stellen. Ängste auf der einen Seite und optimistische Willkommenskultur auf der anderen sind Phänomene, die wir als Christen allesamt ernst und wahrnehmen müssen. Dabei ist es wichtig zu verstehen, dass sich die Flucht derjenigen, die sich heute auf den Weg machen, einreiht in die lange Menschheitsgeschichte der Migration, deren Echo auch in der Bibel zu finden ist.

1. Biblische Grundlagen

Entscheidend für die christliche Haltung zu Geflüchteten und Migranten ist, was das biblische Zeugnis zu dieser Thematik sagt und wie Jesus Christus, die Mitte des Glaubens, lehrte und handelte.

Was sagt das Alte Testament zur Thematik?

Das Alte Testament ist voll von Berichten über Menschen, die ihre Heimat verließen, um an anderen Orten zu leben. Angefangen bei Abrahams Auszug aus Ur über die Umsiedlung der Jakobsfamilie nach Ägypten bis hin zum Exil der

Juden in Babylon und Persien – Gottes Volk scheint ebenso viele Phasen der Wanderung und des Lebens in der Fremde durchzumachen wie Zeiten der Sesshaftigkeit im eigenen Land. Und selbst dort gilt, dass Jahwe der Eigentümer des Bodens ist („das Land ist mein, und ihr seid Fremdlinge und Beisassen bei mir" – 3. Mose 25,23). Heimat ist also nicht gleichzusetzen mit freier Verfügung über Grundbesitz. Daher bestanden für die „Fremdlinge" auch viele Schutzgesetze; wenn ein Israelit nicht sieben Tage arbeiten durfte, dann sollte auch der nichtisraelitische Nachbar einen Ruhetag haben – wie die Mägde und Knechte. Denn, so das Sabbatgebot in der Fassung des 5. Buches Mose, „du sollst daran denken, dass auch du Knecht in Ägyptenland warst" (5,15). In der nachexilischen Zeit schließlich formierten sich jüdische Gemeinden in der Diaspora und boten so später einer weiten Verbreitung der christlichen Botschaft einen Nährboden.

Was bedeutet Jesu Migrationsgeschichte für uns?

Jesu Leben ist die Geschichte eines Migranten, eines Wandernden: Verfolgung schon ganz am Anfang; als Flüchtlingskind in der Ferne; Rückkehr aus Ägypten nach Jahren der Gefahr; Aufwachsen in der Peripherie, in Galiläa; Getrenntsein von Judäa durch Samaria; Jahre der Heimatlosigkeit als Wanderprediger und der Ablehnung durch seine Nachbarn. Gleichzeitig überwand er die Schranken, die die damalige Gesellschaft den Menschen auferlegte – etwa die Abscheu vor dem Kontakt mit Samaritanern und das Verachten der Heiden. Wenn Jesus in der Bergpredigt Feindesliebe lehrt, dann gilt das Prinzip der unterschiedslosen Annahme anderer Menschen selbstverständlich auch für die Unbekannten, die Fremden und die, die weder Freund noch Feind sind. Feindesliebe und Nächstenliebe implizieren auch Fremden- und Übernächstenliebe – die Achtung und Zuwendung zu denen, die uns nicht nahestehen, die für unser Leben keine Rolle zu spielen scheinen, weder eine positive noch eine negative.

Was entnehmen wir dem übrigen Neuen Testament?

Die ersten Christen erlebten schon bald nach der Gründung der Gemeinde in Jerusalem Verfolgung und mussten daher aus ihrer Heimat fliehen. Dies trug auch dazu bei, dass der christliche Glaube sich verbreitete. Gleichzeitig wurde die Ablehnung von religiöser Unterdrückung Teil der neutestamentlichen Botschaft. Die Gläubigen verstanden sich als „Fremdlinge und Pilger" (1. Petrus 2,11) auf dem Weg zum Reich Gottes und schlugen daher nur bedingt Wurzeln. Missionare überwanden vormals kaum überwindbare Grenzen; die Urgemeinde bestand aus Menschen und Gruppen verschiedenster ethnischer und kultureller Herkunft. Besonders gut breitete sich das Christentum in den multikulturellen Städten aus. Daraus lässt sich schlussfolgern, dass Migrationserfahrungen in der frühesten Phase der Kirchengeschichte Teil einer Normalität waren, die der Kirche später abhandenkam.

2. Theologische Einsichten

Als adventistische Gläubige gründen wir unsere Werte und unser Handeln vor allem auf drei Überzeugungen: dass Gott unser Schöpfer ist, dass er uns in Jesus Christus erlöst hat und dass er die Geschichte der Welt selbst zum Abschluss bringen wird, wenn er sein Reich aufrichtet. Diese Überzeugungen sind es daher auch, die unseren Umgang mit Migranten jeder Art bestimmen.

Wie hängt unser Schöpfungsglaube mit Migration zusammen?

Als bekennende Schöpfungsgläubige legen wir Wert darauf, dass Gottes ursprüngliche Absicht mit den Menschen und der Erde trotz des Sündenfalls weiterhin gültig ist. Die Überzeugung, dass das Bild Gottes in jedem Menschen zu sehen ist (1. Mose 1,27), gleich welcher Kultur, Überzeugung oder religiöser Tradition, bedeutet, dass wir als Christen sein Bild auch in Migranten, Geflüchteten und Asylsuchenden erkennen. Wir hinterfragen und relativieren daher auch die Zuschreibungen und Festlegungen, mit denen Menschen aufgrund ihrer Herkunft versehen werden oder die sie sich selbst geben. Als Geschöpfe Gottes sind sie zuallererst Mitmenschen, unsere Verwandten, und dann auch unsere Gäste. Gastfreundschaft – eine der wichtigsten praktischen Folgen des Glaubens im Neuen Testament – ist kein optionales Extra, sondern unmittelbare Konsequenz aus dem Schöpfungsakt Gottes.

Was bedeutet unser Erlösungsverständnis für diese Frage?

Gott kam als Fremder in diese Welt. Jesus, der Messias, lebte zu einer bestimmten Zeit und an einem bestimmten Ort; dennoch wurde er von seinen Zeitgenossen nur teilweise verstanden, erkannt und anerkannt. Im Antlitz Christi sehen wir auch den Fremden; und im Fremden begegnet uns Christus, dem wir nur im Anderen dienen können – um wie viel mehr in denen, die wir als „ganz anders" empfinden! Auch wenn wir unsere Gäste nicht naiv idealisieren wollen und ihre Kulturen, Religionen und Perspektiven kritisch betrachten dürfen: Ein potenzielles Kind Gottes ist jeder von ihnen; der Geist Gottes wirkt ohne Grenzen, also auch bei den Menschen, bei denen wir es am wenigsten vermuten würden. Die universale Zielsetzung des Heils gilt für alle: Gott „war in Christus und versöhnte die Welt mit sich" (2. Korinther 5,19) – daher sind wir Botschafter der Guten Nachricht für einen jeden Menschen.

Welche Folge hat unsere christliche Hoffnung auf Vollendung?

Für uns als Adventgläubige ist die Orientierung auf den Höhepunkt der Geschichte hin – die Wiederkunft Jesu und das kommende Gottesreich – unentbehrlicher Bezugspunkt unseres Glaubens und Lebens. Das Auf und Ab der Zeitläufte, die Nöte und Verfolgungen der Nachfolger Jesu und anderer Menschen werden enden, wenn Gott selbst all dem ein Ende setzt. Obgleich die Rolle von Staaten und Regierenden zu achten ist (vgl. Römer 13), gelten die Prinzipien des Reiches Gottes auch dann, wenn bestimmte Gesetze ihnen widersprechen und unverhältnismäßige Härten hervorrufen. Solange dieses Reich noch nicht in seiner Fülle aufgerichtet ist, sind wir gerufen, Zeichen seiner Gegenwart aufleuchten zu lassen. So wie uns Zeichen der Zeit auf den Abschluss der Weltgeschichte hinweisen, dürfen wir schon jetzt in gelebter Fremdenfreundschaft zeichenhaft bekanntmachen, wie der Herr das Zusammenleben von Menschen in seinem ewigen Reich gedacht hat. Tatsächlich ist das Aufnehmen von Fremden einer der Maßstäbe, nach denen Gott im Weltgericht urteilen wird (Matthäus 25,35). Daher sollen unsere Gemeinden Vorbilder der Inklusion, der Vielfalt und des selbstlosen Dienens an allen Menschen sein.

3. Folgen für Gemeinde und Dienst

Die hier skizzierten biblischen Einsichten und theologischen Überzeugungen bewähren sich im Leben der Gemeinde, wenn wir unseren Dienst an Menschen mit Migrationshintergrund an den Werten des Evangeliums ausrichten. Dadurch können wir auch unseren Auftrag als Gemeinde Jesu neu entdecken.

Was ergibt sich daraus für unseren Dienst?

Als Christen sind wir gerufen, den Charakter Gottes in dieser Welt widerzuspiegeln. Dies zeigt sich zunächst in ganz elementarer Weise – wie wir mit anderen Menschen zusammenleben, nicht zuletzt mit denen, die ihre Heimat verloren haben. Freundschaftliche Beziehungen, gegenseitige Einladungen und respektvolle Kommunikation auch über religiöse Grenzen hinweg sind die Grundlage für jeden Dienst. Im Hinblick auf praktische Unterstützung jeglicher Art (zum Beispiel Sprachkurse, verschiedene diakonische und soziale Dienste, rechtliche Unterstützung bis hin zum Kirchenasyl) haben manche Adventgemeinden bereits viel geleistet; dies ist Vorbild und Ansporn zugleich. Das Wort des Propheten Jeremia an das Volk Gottes im Exil gilt noch heute und schließt Migranten als Teil unserer Städte ein: „Suchet der Stadt Bestes … und betet für sie zum Herrn; denn wenn's ihr wohlgeht, so geht's euch auch wohl" (Jeremia 29,7).

Wie betrifft dies unser Gemeindeleben?

Damit ist auch schon angezeigt, wie wir Anliegen unserer Kommunen in unser Gemeindeleben aufnehmen können. Der Geist der Fürbitte, des Gebets für alle Menschen in unseren Städten und Dörfern, auch für die kürzlich Angekommenen, soll unsere Versammlungen prägen. Je nach lokaler Situation können besondere Veranstaltungen für unsere neuen Mitbürger sinnvoll sein. In Fällen, wo sie an unseren Gottesdiensten teilnehmen möchten, sind Übersetzungsangebote sinnvoll, solange sie in der deutschen Sprache noch wenig geübt sind. Dies kann zu Veränderungen in gewohnten Abläufen führen, die uns daran erinnern, dass unsere Traditionen einst mit der Absicht entwickelt wurden, das Evangelium anderen Menschen plausibel zu verkünden. An manchen Orten werden Menschen mit Migrationshintergrund Unterstützung brauchen, um eigene Gemeinden zu gründen, die auf ihre sprachlichen, kulturellen und sozialen Bedürfnisse zugeschnitten sind. Dabei wollen wir sie nach Kräften unterstützen. Aktionen und Projekte gelingen besonders gut, wenn wir bedenken, welche Ressourcen und Fähigkeiten Gott uns als Ortsgemeinden gegeben hat, die wir in der jeweiligen Situation einsetzen können.

Welches Selbstverständnis als Gemeinde resultiert daraus?

Die Wanderungsströme von Millionen von Menschen nach Europa eröffnen dem Evangelium und uns als Gemeinden große Chancen. Migranten sind häufig offen für die Angebote von gläubigen Gemeinschaften, die sie in ihrer Heimat nie wahrgenommen hätten. Unter ihnen wachsen unsere Gemeinden seit vielen Jahren besonders stark. Im Zusammenleben mit ihnen und beim Dienst für sie, die aufgrund ihrer Herkunft leicht ignoriert oder ausgegrenzt werden, kann die Schönheit des christlichen Glaubens umso mehr erblühen. Zudem sind Siebenten-Tags-Adventisten aufgrund ihres Lebensstils wie kaum andere Christen dazu imstande, insbesondere Muslimen eine biblisch fundierte Jesusnachfolge nahezubringen. Damit können Adventgemeinden nicht nur eine Brücke für Migranten in die Gesellschaft schlagen, sondern auch ihre eigene Mission der Versöhnung und kulturell sensibler Verkündigung neu entdecken.

Kontakt:

Theologische Hochschule Friedensau
Fachbereich Theologie
Prof. Stefan Höschele, Ph.D. (University of Malawi)
An der Ihle 5 A
39291 Möckern-Friedensau
Telefon: 03921 916-121
Fax: 03921 916-201
E-Mail: stefan.hoeschele@thh-friedensau.de
Internet: https://www.thh-friedensau.de

Ausgewählte Literatur und weitere Erklärungen

„ADRA's 2017 World Refugee Day Statement". 19. Juni 2017. Online: https://adra.org/adras-2017-world-refugee-day-statement (Zugriff: 2. Juli 2017).

Beck, Stephen, und Frauke Bielefeldt: *Mission Mosaikkirche. Wie Gemeinden sich für Migranten und Flüchtlinge öffnen*. Gießen: Brunnen, 2017.

Feldmeier, Reinhard: *Die Christen als Fremde. Die Metapher der Fremde in der antiken Welt, im Urchristentum und im Ersten Petrusbrief*. WUNT 64. Tübingen: Mohr, 1992.

Freikirche der Siebenten-Tags-Adventisten in Deutschland: „Erklärung zur aktuellen Flüchtlingssituation". 22. September 2015. Online: http://www.adventisten.de/news/news/datum/2015/09/24/erklaerung-der-freikirche-zur-aktuellen-fluechtlingssituation (Zugriff: 2. Juli 2017).

Koch, Tobias: „Der aufenthaltsrechtliche Rahmen und das Kirchenasyl". *Dialog*, Januar 2016, 6–7. In dieser *Dialog*-Ausgabe auch weitere Artikel zum Thema Flüchtlinge. Online: http://www.thh-friedensau.de/wp-content/uploads/DIALOG_1-2016_online-ES.pdf (Zugriff: 2. Juli 2017).

Lorencin, Igor: „Hospitality and Not Patronage: Lessons in Relationships in 3 John." Ministry, Februar 2008, 21–22.

Oestreich, Bernhard (Hrsg.): *Der Fremde: Interdisziplinäre Beiträge zu Aspekten von Fremdheit*. Friedensauer Schriftenreihe, Reihe B, Gesellschaftswissenschaften 7. Frankfurt a. M.: Lang, 2003.

Pöhler, Rolf: „‚Ich bin ein Fremder gewesen …'. Christlicher Glaube und die Überwindung des Überlegenheitsgefühls gegenüber ausländischen Mitbürgern und Fremden." In *Geschichte – Gesellschaft – Gerechtigkeit: Festschrift für Baldur Pfeiffer*. Hg. von Johannes Hartlapp und Stefan Höschele. Berlin: Frank & Timme, 2007, 161–173. Online: http://www.thh-friedensau.de/wp-content/uploads/Wissenschaft22.pdf (Zugriff: 2. Juli 2017). Gekürzte Version: *Dialog*, Januar 2016, 4–5.

Steuerungsgruppe Gemeinsam für Flüchtlinge. „Gemeinsam für Flüchtlinge" (Hrsg.): Broschüre. 2017. Online: http://www.adventisten.de/fileadmin/Intern/Dokumente/Gemeinsam_fuer_Fluechtlinge.pdf (Zugriff: 2. Juli 2017).

Zehnder, Markus: *Umgang mit Fremden in Israel und Assyrien: Ein Beitrag zur Anthropologie des „Fremden" im Licht antiker Quellen*. Beiträge zur Wissenschaft vom Alten und Neuen Testament. Stuttgart: Kohlhammer, 2005.

Anhang VII.

Gesellschaftspolitisches Bildungskonzept zum Ehrenamt

Mit diesem für das Ehrenamt der Freikirche der Siebenten-Tags-Adventisten erstellten gesellschaftspolitischen Bildungskonzept soll aufgezeigt werden, welche Freiheiten, Rechte und Pflichten die Staatsbürgerinnen und Staatsbürger in einer Demokratie unter der Wahrung rechtsstaatlicher Prinzipien haben, am gesellschaftspolitischen Leben zu partizipieren – und welche Rolle dabei die Freikirche einnimmt. Mit dem Konzept wird nicht beabsichtigt, eine motivierende Denk- und Handlungsanleitung für das freiwillige Engagement für Geflüchtete oder für andere soziale Brennpunkte zu liefern.

Partizipation bedeutet Teilnahme und Teilhabe. Auf politische Entscheidungsprozesse bezogen, unterscheiden wir zwischen einer repräsentativen und einer partizipativen Demokratie. Bei einer repräsentativen Demokratie haben Bürger im Rahmen einer pluralistisch und variabel aufgestellten Parteienlandschaft zwischen Rechts, Mitte und Links in festgelegten zeitlichen Abständen die Möglichkeit, Abgeordnete in Parlamente auf Bundes-, Landes- und kommunaler Ebene zu wählen, die als Vertreter des Volkes Entscheidungen treffen und sie zu verantworten haben. Demgegenüber – als Ergänzung und oft auch als Widerstand gegen die Politik der Mandatsträger – ist die partizipative Demokratie aufgestellt. Sie weist sich aus durch zivilgesellschaftliches Engagement oder Bürgerrechtsbewegungen unterschiedlicher Art, Aktionen sogenannter Wutbürger und Unterschriftensammlungen für Volksentscheide bis hin zur außerparlamentarischen Opposition. Bürgerschaftliches Engagement setzt den Willen zur Partizipation voraus, kann die Politik der Mehrheitsgesellschaft unterstützen oder ihr gegenüber auch kritisch eingestellt sein.

Das demokratische Grundverständnis der Gewissens- und Meinungsfreiheit innerhalb eines Rechtsstaates setzt den Rahmen für die offen und pluralistisch ausdifferenzierte Zivilgesellschaft, die sich aus verschiedenen Interessengruppierungen zusammensetzt. Die bunte Mischung aus Kirchen und Freikirchen, ihrer Sozialwerke, aus Gewerkschaften, Arbeitgeberverbänden, Stiftungen, Forschungseinrichtungen, sozialen Bewegungen und Nichtregierungsorganisationen unterschiedlicher Couleur spielt im öffentlichen Leben mit und leistet in den jeweiligen Aufgaben- und Verantwortungsbereichen ihren selbstbestimmten Beitrag zur Bearbeitung gesellschaftspolitischer Fragen. Der demokratischen Prinzipien folgende Rechtstaat sollte daher keine moralische Instanz zur Durchsetzung bestimmter Ansichten beanspruchen, sondern vielmehr dafür sorgen, dass innerhalb vorgegebener gesellschaftspolitischer Spielregeln alle Interessengruppierungen gleiche Chancen und Möglichkeiten haben, am gesellschaftlichen Leben zu partizipieren, zum Beispiel hinsichtlich einer breit gestreuten Unterstützung und Mittelvergabe für soziale Projektaktivitäten. Aus diesem Grunde sind berechtigte Bedenken gegen die immer wieder aufkommende Forderung einer „deutschen Leitkultur" angebracht; der Begriff ist belastet und es besteht die Gefahr der Einschränkung des Pluralismus bis hin zu möglichen faschistoiden Tendenzen und der Ausgrenzung minderheitlicher Bevölkerungsanteile.

Allerdings benötigt ein breit befürworteter Pluralismus – in dem sich auch einander kritisch gegenüberstehende Interessengruppen mit der Einforderung gleicher Teilnahme- und Teilhaberechte wiederfinden – innerhalb eines vorgegebenen Rechtssystems allgemein verbindliche Spielregeln, die verhindern, dass demokratische Grundwerte für nichtdemokratische Anliegen missbraucht werden. Innerhalb des allgemeinen Menschenrechts bleibt es der Ausübung individueller und gruppenspezifischer Freiheitsrechte anbefohlen, die Freiheitsrechte anderer nicht einzuschränken und dafür Regeln einzuhalten. Da diese allgemein verbindlichen Spielregeln innerhalb eines geltenden Zivilrechts, wie schon angeführt, nicht als spezifisch „deutsch" oder „national" deklariert sein sollten, um auch eingebürgerte Bevölkerungsanteile aus fremden Herkunftsländern einzuschließen, scheint der von der Sozialwissenschaft eingebrachte Begriff des „Verfassungspatriotismus" einen sinnvollen Rahmen für breit gefächerte Identifikationsmöglichkeiten mit dem deutschen Grundgesetz zu liefern. Religionen und Weltbilder, soziale, kulturelle und politische Einstellungen mögen unterschiedliche Interessen verfolgen und auch gegeneinander stehen; bei aller Unterschiedlichkeit bleibt aber das sie alle vereinigende und schützende Band der gemeinsamen Verfassung, zu der man sich bekennt. Der Verfassungspatriotismus einer Bevölkerung basiert nicht mehr auf einer nationalen Kultur, sondern auf geteilten politischen Werten und Prinzipien der Freiheit, Gerechtigkeit und Chancengleichheit als Voraussetzung und Garantie einer harmonischen Koexistenz und eines sozialen Friedens. Diese gewährleisten zudem den Pluralismus eines mehrheitlich konstituierten Volkswillens.
Die Frage, in welche Richtung sich die verschiedenen mehr- und minderheitlichen religiösen und ethnischen Bevölkerungsanteile unter dieser Rahmenordnung entwickeln, bleibt der offenen Selbstbestimmung von Individuen und Gruppen überlassen, die ihre Freiheitsrechte in Anspruch nehmen. Denkbar ist eine Assimilation – eine völlige Anpassung von Minderheiten an die Kultur und den Lebensstil der Mehrheit – oder auch eine Dissimilation, die eine gezielte Abgrenzung einer Minderheit von der Mehrheit beinhaltet. Das Gelingen von Integrationsanstrengungen und die variablen Entwicklungen des multikulturellen Nebeneinanders und des interkulturellen Miteinanders unter Berücksichtigung gesellschaftspolitischer Auseinandersetzungen werden neben parteipolitischen Positionen maßgeblich von zivilgesellschaftlichen Kräften und insbesondere vom ehrenamtlichen Engagement mitbestimmt.

Die Freikirche der STA ist Teil der pluralistischen Gesellschaftsformation der Bundesrepublik Deutschland. Das Recht auf Religions- und Gewissensfreiheit bezieht sich auf die Freikirche als Ganze, aber auch auf ihre einzelnen Mitglieder und deren individuelle Einstellungen. Das Recht auf selbstbestimmte Meinungsäußerung gilt selbstverständlich auch für Entscheidungen politischer Mandatsträger hinsichtlich des Umgangs mit Geflüchteten oder eines zivilgesellschaftlichen Engagements zur Unterstützung ihrer Integration beziehungsweise einer Ablehnung eines solchen Engagements. Es obliegt der Kirchenleitung, auf der Grundlage der biblischen Wertetafel ihre Gemeinden zu motivieren, sich ehrenamtlich in die Flüchtlingsarbeit einzubringen und sie professionell zu organisieren. Es bleibt die freie Entscheidung des einzelnen Gemeindemitglieds oder einer Gemeinde, dieses Angebot anzunehmen und die Integration von Geflüchteten mit kreativer Projektarbeit zu unterstützen oder eben nicht. Der Pluralismus der Gesellschaft spiegelt sich in einer pluralistischen Zusammensetzung der Kirchengemeinden wider, ungeachtet der die Gemeinschaft fundierenden biblischen Wertetafel. Die Gewissensfreiheit ist Voraussetzung für die offene Qualifizierung des Glaubens und für das Wachstum der Gemeinde als Ganzer, die im Rahmen einer identifizierenden Zugehörigkeit für unterschiedliche Auffassungen, Bedürfnisse und Fähigkeiten „da" ist und ein gemeinsames Aktionsfeld bietet. Den Gemeindemitgliedern obliegt es, diskursethischen Prinzipien und dem Gebot der Nächstenliebe folgend, mit unterschiedlichen Meinungen und Einstellungen fair und anständig umzugehen, sie ohne Diskriminierung gelten zu lassen, um sich des Weiteren mit ihnen wertefundiert und auch zweckrational auseinanderzusetzen. Dabei besteht die Hoffnung, letzten Endes mit variabler Überzeugungsarbeit einen tragbaren Konsens zu finden und damit zu einem gemeinsamen Wachstum beizutragen.

Die gesellschaftspolitische Einordnung der Kirchen und Freikirchen oder der Religion überhaupt in die Gesamtgesellschaft wird soziologisch kontrovers diskutiert. In der säkularen und religionskritischen Tradition der Theoriebildung wird Kirchen und Freikirchen zumindest die funktionale Rolle zugeteilt, einen Beitrag für eine wertorientierte Qualifizierung von Staatsbürgern zu leisten, im Sinne von Bewusstseinsbildung für Frieden, soziale Gerechtigkeit, Gesundheit und Umwelt – jedoch ohne ihnen damit einen eigenen Wahrheitsanspruch einzuräumen. Indes waren und sind die Kirchen und Freikirchen nicht bereit, allein funktionale Aufgaben in der Gesellschaft zu erfüllen und ansonsten auf dem Abstellgleis des Obskurantismus ihr Dasein zu fristen. Interessanterweise hat die neuzeitliche Auseinandersetzung mit fremden Religionen auf eine „unabgeschlossene Dialektik des eigenen, abendländischen Säkularisierungsprozesses" aufmerksam gemacht, die in der öffentlichen Auseinandersetzung um die Wahrheitsfrage auf eine lernbereite Öffnung für Glaubensüberzeugungen hinausläuft. Hierzu der ansonsten religionskritische Soziologe Habermas (2001: 15):

Im Streit zwischen Wissens- und Glaubensansprüchen präjudiziert nämlich der weltanschaulich neutrale Staat politische Entscheidungen keineswegs zugunsten einer Seite. Die pluralisierte Vernunft des Staatsbürgerpublikums folgt einer Dynamik der Säkularisierung nur insofern, als sie *im Ergebnis* zur gleichmäßigen Distanz von starken Traditionen und weltanschaulichen Inhalten nötigt. Lernbereit bleibt sie aber, ohne ihre Eigenständigkeit preiszugeben, osmotisch nach *beiden* Seiten geöffnet.

Soweit darf davon ausgegangen werden, dass nach der soziologischen Auffassung einer „pluralisierten Vernunft" der besondere Wahrheitsanspruch eines Glaubensbekenntnisses und dessen Auswirkungen *einen* gleichberechtigten Anspruch neben anderen Ansprüchen darstellt, der hinsichtlich gesellschaftspolitischer Rahmenbedingungen und aufkommender Anforderungen aufgeschlossen und offen zu halten bleibt. Es würde eine erweiterte theologische und sozialwissenschaftliche Abhandlung erfordern, um auszuführen, wie die mit Glaubensüberzeugungen angereicherten Werte der Freikirche mit dem wissenschaftlichen Fortschritt auf speziellen Fachgebieten, wie zum Beispiel Ernährung und Gesundheit, oder mit der Bearbeitung gesellschaftspolitischer Themen der sozialen Gerechtigkeit und des Friedens korrelieren oder korrelieren sollten.
Nachträglich noch ein Wort zum Aspekt der gesellschaftspolitischen Bildung. Mit dem Begriff der Bildung werden unterschiedliche Auffassungen verbunden und Ziele verfolgt. Die Sozialwissenschaft verbindet die Stellung der Bildung in unserer Leistungsgesellschaft wesentlich mit der Absicht, Menschen beruflich und anderweitig zu fördern, sodass sie am öffentlichen Leben qualifiziert teilnehmen und teilhaben können. Bildung befähigt Menschen, einen wertvollen Beitrag in der Gesellschaft zu leisten und Verantwortung zu übernehmen. Die gesellschaftspolitische Bildung soll zudem vermitteln, dass die engagierte ehrenamtliche Teilhabe und Teilnahme am öffentlichen Leben selbst ein Bildungsfaktor ist: Menschen, die sich nach ihren Möglichkeiten im Rahmen von Mitgliedschaften, Aktivitäten und Funktionsübernahmen in Vereinen einbringen, werden in ihren sozialen Kompetenzen gestärkt und sind dabei Lernprozessen ausgesetzt, die unsere Gesellschaft als Ganzes voranzubringen vermögen.
Ein gesellschaftspolitisches Bildungskonzept bedarf neben einer formalen und inhaltlichen Rahmensetzung der Vermittlung von Inhalten, wofür eine Didaktik oder eine sinnvolle Strukturierung von Lernprozessen zu entwickeln wäre. Als Voraussetzung dafür hätte die Freikirche den Bedarf der Kirchengemeinden an der Vermittlung besonderer Themen und Inhalte herauszufinden und aufzunehmen.

Zum Abschluss dieser sozialwissenschaftlichen Ausführungen darf das Ehrenamt in den Gemeinden der Freikirche der STA gewürdigt werden, insbesondere im Hinblick auf das Engagement für Geflüchtete. Viele Gemeinden haben mit und ohne Unterstützung ihrer Kirche zahlreichen Flüchtlingen durch kreative Projektarbeit geholfen und Wege zu ihrer Integration bereitet. Sie sind mit ihrem ehrenamtlichen Einsatz Teil einer „Zivilgesellschaft im Aufbruch" und einer „neuen Bürgerbewegung" in der Bundesrepublik Deutschland (Schiffauer, Eilert, Rudloff 2017). Im Kontext der öffentlichen, oft auch kontrovers geführten Auseinandersetzung gehören dazu nicht nur Hürden und Gefahren überwindender Glaube, sondern auch Tatkraft und Mut. Dafür gebührt Einzelpersonen wie Gemeinden eine hohe Wertschätzung.

Verwendete Literatur

Habermas, Jürgen: *Glauben und Wissen.* Friedenspreis des Deutschen Buchhandels. Frankfurt am Main 2001.

Schiffauer, Werner; Anne Eilert und Marlene Rudloff (Hrsg.): *So schaffen wir das – eine Zivilgesellschaft im Aufbruch.* 90 wegweisende Projekte mit Geflüchteten. Bundeszentrale für Politische Bildung. Berlin 2017.

Erstellt vom Fachbereich Christliches Sozialwesen der Theologischen Hochschule Friedensau im Auftrag der Freikirche der Siebenten-Tags-Adventisten, Juli 2017

Abkürzungen

ADH	Aktion Deutschland hilft
ADRA	Adventistische Entwicklungs- und Katastrophenhilfe
AfD	Alternative für Deutschland
AWW	Advent-Wohlfahrtswerk e. V.
BAMF	Bundesamt für Migration und Flüchtlinge
BFD	Bundesfreiwilligendienst
bpb	Bundeszentrale für politische Bildung
BPVF	Beauftragte für politisch Verfolgte und Flüchtlinge
BVerwG	Bundesverwaltungsgericht
BVerfG	Bundesverfassungsgericht
BvR	Registerzeichen des Bundesverfassungsgerichts
CVJM	Christlicher Verein Junger Menschen
EuGH	Europäischer Gerichtshof
FAZ	Frankfurter Allgemeine Zeitung
IS	Islamischer Staat
NRO	Nichtregierungsorganisationen
OVG	Oberverwaltungsgericht
STA	Siebenten-Tags-Adventisten
ThHF	Theologische Hochschule Friedensau
VEF	Vereinigung Evangelischer Freikirchen
VG	Verwaltungsgericht

Literatur

Abdel-Samad, Hamed: Integration. Ein Protokoll des Scheiterns. München 2018.

Altenbockum, Jasper von: Spiel mit Grausamkeit. Björn Höcke und die Abgründe ethnischer Säuberungen. In: FAZ 23. 02. 2019: 8.

Bethke, Hannah: Berlin ohne Kopftuch. Gutachten hält Neutralitätsgesetz für rechtmäßig. In: FAZ 16. 09. 2019: 13.

Bock, Wolfgang: Islamisch geprägte Rechtskulturen und das Menschenrecht der Religionsfreiheit. In: L. Brock (Hrsg.): Menschenrechte und Entwicklung. Beiträge zum ökumenischen und internationalen Dialog. Hannover und Frankfurt 1996: 123–137.

Borrmans, Maurice: Übereinstimmungen und Unterschiede zwischen der Allgemeinen Erklärung der Menschenrechte von 1948 und den jüngsten Menschenrechtserklärungen im Islam. In: Gewissen und Freiheit 28 (2000) 1. Halbjahr Nr. 54: 27–49.

Bourdieu, Pierre: The Forms of Capital. In: A. H. Halsley et al. (ed.): Education. Culture, Economy, Society. Oxford 1996: 46–58.

Bundesamt für Migration und Flüchtlinge: http://www.bamf.de/DE/Fluechtlingsschutz/AblaufAsylv/Schutzformen/schutzformennode.html;jsessionid=67035312BB56DE1E8DE1F9A10BCCFD14.1_cid286 (Zugriff: 19. Juli 2019).

Bundeszentrale für politische Bildung (bpb): Asylanträge in Deutschland. Infografiken zu Asylanträgen und Asylsuchenden. http://www.bpb.de/gesellschaft/migration/flucht/265708/asylantraege-und-asylsuchende (Zugriff: 19. Juli 2019).

Bundeszentrale für politische Bildung: Demografie von Asylsuchenden in Deutschland. Infografiken zu Alter, Geschlecht und Herkunft von Asylsuchenden. http://www.bpb.de/gesellschaft/migration/flucht/265710/demografie (Zugriff: 19. Juli 2019).

Bundeszentrale für politische Bildung: Asylentscheidungen und Klagen. Infografiken zu Entscheidungen und Klagen zu Asylanträgen. http://www.bpb.de/gesellschaft/migration/flucht/265711/entscheidungen-und-klagen (Zugriff: 19. Juli 2019).

Bundeszentrale für politische Bildung: Abschiebungen in Deutschland. Infografiken zu Abschiebungen nach Herkunftsländern, Zielstaaten und Bundesländern. http://www.bpb.de/gesellschaft/migration/flucht/265765/abschiebungen-in-deutschland (Zugriff: 19. Juli 2019).

Bundeszentrale für politische Bildung: Asylbedingte Kosten und Ausgaben. Infografiken zu asylbedingten Ausgaben und Leistungen nach dem Asylbewerbergesetz. http://www.bpb.de/gesellschaft/migration/flucht/265776/kosten-und-ausgaben. Bonn 2019 (Zugriff: 10. Juli 2019).

Claussen, Johann Hinrich: Das Buch der Flucht. Die Bibel in 40 Stationen. München 2018.

Coleman, James Samuel: Social Capital in the Creation of Human Capital. In: A. H. Halsley et al. (ed.): Education. Culture, Economy, Society. Oxford 1996: 80–95.

Czollek, Max: Desintegriert euch! München 2018.

El-Mafaalani, Aladin: Das Integrationsparadox. Warum gelungene Integration zu mehr Konflikten führt. Köln 2018.

Friedrich-Ebert-Stiftung: https://www.fes.de/themenportal-bildung-arbeit-digitalisierung/bildung/integration-durch-bildung (Zugriff: 12. August 2019).

Ghosh, Bimal: Towards a new international regime for orderly movements of people, in: Bimal Ghosh (ed.): Managing Migration. Time for a new international regime? Oxford 2003: 6–26.

Götz, Michael: Begegnungswochenende in Friedensau „Gemeinsam für Flüchtlinge". In: Dialog – Hochschulmagazin der ThHF. Januar 2018.

Hanf, Theodor: The Political Function of the Educational System in Culturally Segmented States. Zeitschrift für Erziehungswissenschaftliche Forschung 1 (1984), 281–299.

Helbig, Marcel, und Stefanie Jähnen: Wo findet „Integration" statt? Die sozialräumliche Verteilung von Zuwanderern in den deutschen Städten zwischen 2014 und 2017. Wissenschaftszentrum Berlin für Sozialforschung – Discussion Paper P 2019-003, Juni 2019 (https://bibliothek.wzb.eu/pdf/2019/p19-003.pdf).

Lawaty, Sylvia: WeSpeakMusic: https://www.lawaty.de/index.php/we-speak-music.html (Zugriff: 14. August 2019).

Mansour, Ahmad: Klartext zur Integration. Gegen falsche Toleranz und Panikmache. Frankfurt 2018.

Münkler, Herfried: Kein Frieden ohne Gewaltmonopol. Syrien, Chemnitz und die Aktualität des Dreißigjährigen Krieges. Blätter für deutsche und internationale Politik. Dezember 2018: 105–111.

Münkler, Herfried, und Marina Münkler: Die neuen Deutschen. Ein Land vor seiner Zukunft. Berlin 2016.

Nassehi, Armin: Zum Funktionswandel von Ethnizität im Prozeß gesellschaftlicher Modernisierung. Soziale Welt 1990: 261–282.

Philippi, Eva, und Ulrich Schreiber (Hrsg.): Refugees Worldwide 2. Neue Reportagen. Berlin 2019.

Rolly, Horst Friedrich: Approaches of Comparative and International Education to Educational Rights of Minorities. In: Nikolai Genov (ed.): Ethnicity and Educational Policies in South Eastern Europe. Berlin-Sofia 2005: 22–36.

Schiffauer, Werner, Anne Eilert und Marlene Rudloff (Hrsg.): So schaffen wir das – eine Zivilgesellschaft im Aufbruch. 90 wegweisende Projekte mit Geflüchteten. Bundeszentrale für Politische Bildung. Berlin 2017.

Seefeldt, Mark: Petrus – „Vertrauenssache". Kinder-Musicalwoche in der Adventgemeinde Berlin-Waldfriede. In: Miteinander – Informationsheft der Freikirche der STA in Berlin, Land Brandenburg, Sachsen, Sachsen-Anhalt und Thüringen 1 (2017).

Sen, Armatya: Identity and Violence. The Illusion of Destiny. London 2006.

Soldt, Rüdiger: Zielvereinbarung: Integration. FAZ 17. 07. 2019: 3.

Steuerungsgruppe „Gemeinsam für Flüchtlinge" (Hrsg.): Gemeinsam für Flüchtlinge. Broschüre. 2017.

Sveriges Radio: Dopet ingen garanti för asyl https://sverigesradio.se/sida/artikel.aspx?progamid=83&artikel=7180621 (Zugriff: 19. Juli 2019).

Theunissen, Michael: Der Andere. Studien zur Sozialontologie der Gegenwart. Berlin 1977.

Tibi, Bassam: Im Schatten Allahs. Der Islam und die Menschenrechte. München 1994.